ALBERT DAMBLON

Als ich noch unsterblich war
… und wie der Tod mein Leben kreuzte

ALBERT DAMBLON

# Als ich noch unsterblich war
… und wie der Tod mein Leben kreuzte

**echter**

Die Bibeltexte sind entnommen der Einheitsübersetzung
der Heiligen Schrift
© 1980 Katholische Bibelanstalt, Stuttgart

Bibliografische Information der Deutschen Nationalbibliothek
Die Deutsche Nationalbibliothek verzeichnet diese Publikation in der
Deutschen Nationalbibliografic; detaillierte bibliografische Daten sind
im Internet über ‹http://dnb.d-nb.de› abrufbar.

© 2012 Echter Verlag GmbH, Würzburg
www.echter-verlag.de
Umschlaggestaltung: wunderlichundweigand.de
Umschlagmotiv: Panka Chirer-Geyer, Transitions 3 (Ausschnitt)
Satz: Hain-Team, Bad Zwischenahn (www.hain-team.de)
Druck und Bindung: CPI – Clausen & Bosse, Leck
ISBN 978-3-429-03549-5 (Print)
ISBN 978-3-429-04667-5 (PDF)
ISBN 978-3-429-06076-3 (ePub)

# Inhalt

| | | |
|---|---|---|
| | **Prolog** ................................... | 9 |
| 1. | **Meine allerersten Tode** ................... | 11 |
| | Der Student Severin ..................... | 15 |
| 2. | **Meine allererste Beerdigung** ............... | 19 |
| | Maria in Emmaus ....................... | 22 |
| 3. | **Der Nächste bitte** ........................ | 25 |
| | Matthias und die Dorfpolitik .............. | 28 |
| 4. | **Weiße Rosen** ............................ | 33 |
| | Mein Vater .............................. | 36 |
| 5. | **Tanz mit dem Tod** ....................... | 41 |
| | Werner wurde geführt ................... | 45 |
| 6. | **Ein Totenrad** ............................ | 47 |
| | Demonstration für Georg ................ | 49 |
| 7. | **Requiems** ............................... | 53 |
| | Rudolf und ein Lied ..................... | 58 |
| 8. | **Zu spät** ................................. | 61 |
| | Die pünktliche Anneliese ................ | 63 |
| 9. | **Fließband** ............................... | 67 |
| | N. Ein nie gebrauchter Versuch ........... | 69 |
| 10. | **Friedhofsschuffelei** ....................... | 71 |
| | Marta und Agnes ........................ | 75 |

| 11. | Meine Grabsteine | 79 |
|---|---|---|
| | Ostern | 83 |
| 12. | Urnengeschichten | 87 |
| | Du heißt David | 92 |
| 13. | Ein Urnenfriedhof | 95 |
| | Hans auf dem Weg zur Heimat | 98 |
| 14. | Zettelwirtschaft | 101 |
| | Der kleine Hirte Johannes | 104 |
| | **Epilog** | 107 |

Bert Gerresheim, aus: Theodor Weißenborn, Zu den Kellergebrüchen
© Eremiten-Presse 1984

# Prolog

Ich erschrak. Das bin ja ich. Der Pfarrer auf dem Weg zu einer Beerdigung. Hinter mir schleppen Träger den Sarg. Neben mir geht der Küster mit Aspergill und Weihwasserkessel. Das Kreuz trage ich locker in der verknöcherten Hand. Kalt scheint es zu sein. Der Küster hat sich die Baskenmütze bis über die Ohren gezogen, und ich trage einen Chormantel. Das Birett habe ich mir auf den kahlen Schädel gesetzt. Normalerweise ziehe ich kein Birett an. Normalerweise gehe ich auch ohne Chormantel. Eisig kalt ist es. Bin ich es doch nicht?

Ich bin es. Seit 39 Jahren beerdige ich schon. Der Weg zu einem Grab ist mir in dieser Zeit vertraut geworden. Ich kenne inzwischen einige Friedhöfe und deren Gruben. Wie Särge aussehen, weiß ich zur Genüge. Die rauen Sitten der Sargträger blieben mir nicht verborgen, und Küster sind sowieso eine eigene Gattung. Seit einigen Jahren versuche ich, wenn ich vor einem Sarg gehe, mir vorzustellen, selber in der Kiste getragen zu werden. Obwohl ich meine ganze Fantasie zusammennehme, misslingt es mir, einen Gedanken daran zu verschwenden. Ich gehe immer vor dem Sarg, niemals liege ich im Sarg. Mag mir die Erfahrung zuflüstern, eines Tages läufst du nicht mehr vorne, sondern wirst hinten getragen, ich kann es nicht glauben, ich will es nicht glauben! Das ist niemals mein Ort. Ja, ich bleibe Beerdiger, um niemals Beerdigter zu sein.

Jedoch, was schert sich der Tod um meine Wünsche. Ich brauche mich gar nicht in einen Sarg hineinzudenken. Leichenblass und mit enthäutetem Schädel gehe ich vor dem Sarg. Weder Chormantel noch Birett verbergen die einzige Wirklichkeit. Ich bin zukünftig der Tote. Ähnlich ergeht es dem Küster. Sein Totenschädel hat keine Ohren, um darüber die Baskenmütze zu ziehen. Der Tod offenbart sich bei jeder Beerdigung, auch wenn der Sargdeckel geschlossen bleibt. Wer ihn im Sarg sucht, liegt falsch. Er geht voran, er geht dahinter, er geht in jedem mit. Dem Tod geweiht beerdige ich.

Meine Weihe auf den Tod treibt mich um. Vielleicht war ich am Anfang meiner Dienstjahre unfähig, mich dem Tod zu stellen. Ich beerdigte viel, aber ich blieb außen vor. Inzwischen bin ich älter geworden. Nahe rückt mir der Tod auf den Pelz oder besser auf den Chormantel. Dieses Mal gibt es keine Ausrede mehr. Doch ich bin es, die Ähnlichkeit lässt sich nicht verleugnen. Ich, der Beerdiger, werde eines Tages selbst beerdigt.

Als mir klar wurde, dass ich es bin, fielen mir viele Geschichten ein, in denen ich Tod erlebt habe. Außerdem zwang mich mein Beruf in die Konfrontation mit dem Tod. Ich dachte an meine Toten und an mein hilfloses Reden wider ihren Tod. Wie oft habe ich meine verstorbenen Geschwister gegen ihn verteidigt! Ein Berufsleben lang habe ich versucht, an Ostern zu glauben. Deshalb habe ich meine Plädoyers mit biblischen Texten unterfüttert. Auf ihnen lag die Beweislast. Alles fiel mir ein, als ich mich mit meinen Toten beschäftigte. Ich fand viele Mosaiksteine, mit denen ich mein Überlebensbild zusammensetze. Ob es Zusammenhänge gibt, die sich thematisch einsortieren lassen, bezweifle ich. Einziges Thema ist der Tod und die Sehnsucht nach dem Leben. Herausgekommen sind bunte Steine, die noch lange kein Bild machen. Wahrscheinlich wird es sowieso zu meinen Lebzeiten nie fertig.

## 1. Meine allerersten Tode

Als ich davon träumte, Lokomotivführer oder Pfarrer zu werden, ahnte ich nicht, dass Pfarrer Menschen unter die Erde bringen müssen. Überhaupt wusste ich als Kind nichts vom Beerdigen und Sterben. Meine Familie war eine todfreie Zone. Zumindest glaubte sie es. Eine Zeit lang gelang es ihr, den Tod aus den vier Wänden fernzuhalten.

Es passierte erst, als ich 11 Jahre alt war. Obwohl ich gerade auf das Gymnasium gekommen war, war ich das naive Kind der Volksschule geblieben, das vom Leben die Fetzen aufschnappte, die von den Geschichten meiner Eltern übrig blieben. Im Großen und Ganzen verstand ich nichts vom Leben, erst recht nicht vom Tod.

Eines Morgens, die Sonne war schon aufgegangen, betrat meine Mutter mein Zimmer. Das tat sie sonst nie. Ausnahmsweise weckte sie mich, nicht wie sonst mein Vater. Also musste etwas passiert sein. Meine Mutter sprach kurz und bündig einen einzigen Satz, der keine Alternative kannte. „Oma ist gestorben!" Sie stockte und fing neu an: „Oma Anna." Dann verschwand sie wieder, ich hatte keine Gelegenheit, mich an sie zu kuscheln. Sie hätte auch keine Hand freigehabt, weil sie dahinter ihre feuchten Augen verbarg. Meine Großmutter war tot. Seitdem ich denken konnte, lebten wir mit ihr zusammen. Trotzdem brauchte ich nicht zu weinen. Ich drehte mich im Bett um und starrte die weiße Wand an. Zum ersten Mal erfuhr ich in der Familie „Tod", aber keinen Toten, denn die Mutter meiner Mutter war im Krankenhaus verstorben. Zwar war das Wort „Tod" öfter in den Familiengesprächen vorgekommen, aber dann hatte es fast hinter vorgehaltener Hand geheißen, der oder die sei gestorben, entweder plötzlich oder nach langer Krankheit, entweder jung oder alt, überraschend oder vorbereitet, eben tot, doch Totsein war letztlich bei uns ein Tabu. Nur nicht darüber reden, jedes Gespräch rückte den Tod näher an die Familie. Mich machte das Wort „Tod" neugierig, sonst nichts. Doch jetzt stand der Tod morgens an meinem Bett. Elf Jahre hatte ich gebraucht, um ihm in der Familie zu begegnen. Was ich damals empfunden habe, weiß ich heute nicht mehr. Ob ich den Schrecken des Todes überhaupt wahrgenommen habe, bleibt mir bis heute unklar. Im Nachhinein schien ich damals vorbereitet zu sein. Schließlich lag meine Oma Anna seit Wochen im Klinikum und ein anderes Wort ängstigte mich mehr: Krebs. Krebse, ob klein oder groß, waren für mich Ungeheuer der Flüsse und des Meeres. Von ihren rot-hässlichen Körpern und scharfen Scheren wollte ich nicht einmal träumen. Und solche Ungeheuer fressen sich durch einen Menschen? Meine Oma hatte solch einem Untier Heimat geboten. Es war furchtbar, so erzählte immer wieder meine Mutter, wenn sie vom Krankenhaus kam. Die Schmerzen wären nicht auszuhalten. Die Großmutter wurde gequält. Gegen dieses Tier schien der Tod harmlos zu sein. Jedoch an jenem sonnigen Morgen drehte sich alles um den Tod, der den Krebs unangefochten überlebt hatte. Ich hatte mich zur Wand umgedreht, jedoch weinen konnte ich nicht. Waren Tränen nicht Pflicht, wenn Oma Anna gestorben ist?

Dem Tod war ich schon zwei Jahre vorher begegnet. Als Neunjähriger saß ich mit Georg in einer Schulbank. Georg wohnte auf meiner Straße. Er hatte noch sechs Geschwister, was für mich außergewöhnlich war. Ich konnte nur einen Bruder anschreien, wenn er wieder einmal die Legosteine verkramt hatte. Bei mir zu Hause waren Vater und Mutter nur für uns beide da. Meine Eltern flüsterten oft, dass es der Familie von Georg nicht gut gehe. Sieben Kinder, das sei zu viel. Daraufhin schaute ich mir Georg genauer an. Er war blass, im Gegensatz zu mir schmal, und seinen Pullover hatten sicher schon die älteren Geschwister getragen. Eines morgens fehlte Georg in der Klasse. Bevor wir überhaupt den Unterricht anfingen, hatte uns die Lehrerin Fräulein Blase etwas mitzuteilen. Sie baute sich streng vor der Klasse auf. Ihr Blick schien über unsere Köpfe hinwegzugehen. Ihre Mundwinkel hatten sich mehr als üblich nach unten verzogen.

„Georg fehlt heute. Gestern ist sein Bruder … gestorben, sein älterer Bruder." Sie unterbrach, was sie sonst nie im Unterricht tat. Sie hat sogar gestottert. Weil ich mehr auf ihr eigenartiges Sprechen achtete, habe ich zunächst gar nicht mitbekommen, was sie sagen wollte. Mit einiger Mühe setzte sie neu an. In der Klasse summte nur eine Fliege laut.

„Ja, er fehlt heute. Sein älterer Bruder ist gestorben", wiederholte stockend das Fräulein. Sie schluckte. Wir Kinder sehnten uns nach der Pausenglocke.

„Georgs Bruder hat sich selbst … getötet, selbst getötet. Er hat sich aufgehängt." Die Lehrerin bekam es kaum über die Lippen. Danach setzte sie sich, stand aber sofort wieder auf.

„Ich bitte euch, jetzt nicht zu fragen. Ich bitte euch, mit keinem darüber zu sprechen, vor allen Dingen nicht mit Georg. Verstanden? Morgen haben wir Klassenausflug. Sollte Georg dabei sein, verbiete ich euch, mit ihm zu reden! Ich verbiete es euch! Kein Wort mit ihm darüber! Kein Wort! Am besten schaut ihr an Georg vorbei." Schweigen.

„Ihr sprecht auf keinen Fall mit Georg."

Dann sprach sie ein Morgengebet, ohne auch nur mit einer einzigen Silbe an Georgs Bruder zu denken. Die Seele eines so genannten Selbstmörders hatte bei frommen Lehrerinnen keine Chance. Auf jeden Fall wirkte das Verbot. Ich mied an diesem Tag unsere Straße, um Georg von vornherein auszuweichen.

Am anderen Tag stand Georg auf dem Schulhof. Er wollte den Ausflug mitmachen. Mir fiel nichts an ihm auf. Wie immer trug er den alten Pullover, die blank gescheuerte Lederhose und ausgetretene Sandalen. Mit verschleiertem Blick stand er allein. Jeder aus unserer Klasse lief bewusst an ihm vorbei, denn was sollten wir ihm sagen. Er blieb allein, und Fräulein Blase musste sich um ihn kümmern. Als wir loszogen, nahm sie ihn an der Hand. Doch lange ließ er sich nicht ausgrenzen. Mitten im Stadtwald – wir spielten gerade ‚Räuber und Gendarm' – geriet ich mit ihm zusammen. Trotz des Schweigegebots fing ich an zu plappern. Und er plapperte wie sonst zurück. Irgendwie war ich froh, mit ihm zu reden. Georg ging mit mir nach Hause. Kurz vor der Haustür überkam es mich.

„Georg", hauchte ich, „dein Bruder, was ist los?"

Georg erzählte mir viel von seinem Bruder, der krank gewesen sei, oft so schlechte Laune gehabt hätte und dann düster ausgesehen habe. Die meisten Geschichten interessierten mich gar nicht. Hauptsache, ich hatte wieder mit meinem Freund gesprochen. Dennoch quälten mich Gewissensbisse. Ich hatte das Verbot unserer Lehrerin missachtet. Sie wollte verhindern, dass wir über den Tod von

Georgs Bruder sprachen. Das Wort ‚Selbstmord' sollten wir nicht in unseren Mund nehmen. Weshalb sie uns so streng verboten hatte, mit Georg über den Tod seines Bruders zu sprechen, habe ich damals nicht begriffen, und ich begreife es heute genauso wenig. Vielleicht wollte sie Georg vor neugierigen Fragen schützen, vielleicht bewahrte sie uns vor schrecklichen Fantasien, vielleicht hatte sie selbst Angst vor dem Tod, vor solch einem Tod. Der Sensenmann ist nichts für kleine Kinder und für fromme Lehrerinnen, vor ihm muss ich uns schützen, wird sie gedacht haben.

In jener Nacht wälzte ich mich in meinem Bett hin und her, weil ich ihre Anordnung übertreten hatte. Hoffentlich würde mich keiner bei ihr verraten, hoffentlich hält Georg den Mund. Am anderen Tag schlich ich mich zur Schule. Nicht der Selbstmord von Georgs Bruder ängstigte mich, sondern die Furcht, verpetzt zu werden. Meinen Gesetzesbruch wertete ich fast schlimmer als den Tod. Bis heute macht er mich unruhig.

Weshalb habe ich gerade diese beiden Kindheitsgeschichten vom Tod behalten? Vielleicht bin ich auch als Priester im Herzen ein kleiner Volksschüler, der dem Tod ausweicht, wann immer er kann.

## Der Student Severin

*Da erzählte Jesus ihnen ein Gleichnis und sagte: Wenn einer von euch 100 Schafe hat und eins davon verliert, lässt er da nicht die 99 in der Steppe zurück und geht dem verlorenen nach, bis er es findet? Und wenn er es gefunden hat, nimmt er es voll Freude auf die Schultern, und wenn er nach Hause kommt, ruft er seine Freunde und*

*Nachbarn zusammen und sagt zu ihnen: Freut euch mit mir; ich habe mein Schaf wiedergefunden, das verloren war (Lk 15,3–6).*

Für uns Überlebende ist alles so widersinnig, gerade jetzt zu den Weihnachtstagen, an denen wir Geburt und Leben feiern. Ja, es ist widersinnig, was sich in Paderborn während der ersten Adventswoche ereignet hat. Die Mutter von Severin hat es im Gespräch immer benannt: Ihr Sohn, Student der Betriebswirtschaft, hat sein Leben zurückgegeben. Sie hatte es ihm vor 23 Jahren geschenkt. Aber für ihn war es zu schwer, ihr Geschenk anzunehmen. Die Zurückgebliebenen zählen hilflos auf, was im Leben von Severin alles hätte gehen können und gehen müssen. Warum hat er es nicht gesehen, fragen wir. Nein, er hat es nicht gesehen. Severin saß wie in einem dunklen Loch. Sein Leben spielte sich hinter hohen Mauern ab, die sich aus Schatten und Finsternis aufgebaut hatten. Alle riefen ihm zu: Severin, sieh doch, dahinten ist Licht. Er sah es nicht und war wie blind.

Nach unseren normalen Maßstäben hätte tatsächlich alles weitergehen können. Er hatte sein Abitur gemacht und studierte in Paderborn. Das Studium klappte. Trotzdem war er wie verblendet. Die Mauern um ihn herum schienen zu hoch zu sein. Auf seine Weise verkroch er sich dahinter: Die anderen sind immer besser. Sie haben immer mehr Erfolg. Sie werden es schaffen, und ich nicht. Nur ab und zu gelang es ihm, aus den Mauern auszubrechen. Dann reiste er nach Istanbul und nach Thailand. Dort, so glaubte er, fand er die Liebe seines Lebens. Aber es war wieder einmal schwer, den Kontakt zu pflegen.

Dabei hätte sich alles regeln lassen, sagen wir. Er verneinte. Für ihn waren die Mauern zu hoch, und um ihn herum blieb die Welt dunkel. Weil es für ihn zu dunkel war, haben wir für ihn jetzt ein Licht aufgestellt. Es war der Wunsch der Mutter von Severin, seine Taufkerze heute brennen zu lassen. Sie hatte sie damals an der Osterkerze angezündet, die jedes Jahr als Zeichen für Jesus Christus, dem Licht der Welt, flackert. Aber auch dieses Licht hat ihm in der ersten Adventswoche nicht geleuchtet. Hier, in unserer Gemeinde, lernte er Christus, das Licht, kennen, als er zur Ersten Heiligen Kommunion gegangen war. Damals hatte ihm die Vorbereitung darauf sehr viel Freude gemacht. Aber dann hat er den Blick auf das Licht anscheinend verloren.

Als Christ bemühe ich mich, an die Geschichte vom geretteten Schaf zu glauben. Jesus Christus, das Licht der Welt, ist der gute Hirte, der schon hinter Severin her war. Er suchte ihn hinter seinen hohen Mauern und in seinem dunklen Leben, wie eben ein guter Hirte das Schaf sucht, das sich in der Wüste verirrt hat.

Severin hatte sich verirrt und verschanzt. Aber er konnte nicht anders. Plötzlich stand er an einer Stelle, wo es kein Zurück mehr für ihn gab. Sein Leben war endgültig in eine Sackgasse geraten. Deshalb ist „alles hätte, alles wäre, und wenn" ein falscher Ansatz. Erst recht sind in diesem Moment Schuldgefühle und Zuweisungen von Verantwortung überflüssig. Severin hockte verloren und einsam in der dunklen Wüste.

Doch Jesus Christus stand schon hinter ihm. Er war bereits in seinem Rücken, nur Severin hat es nicht gemerkt. Als er nach hinten zu Boden fiel, fiel er in die Arme des guten Hirten. Schon längst hatte er hinter ihm gewartet. Severin fiel in die Arme Gottes.

Darauf vertraue ich. Sonst ist tatsächlich alles so widersinnig.

Wer es nicht nachvollziehen kann, dem soll es zumindest gesagt werden. Nach meiner Überzeugung stand der gute Hirt für Severin mit offenen Armen bereit und fing ihn auf.

Aufgrund meiner Hoffnung kann ich für ihn das Gebet sprechen, an das auch seine brennende Taufkerze erinnert: Ewiges Licht leuchte ihm.

## 2. Meine allererste Beerdigung

Wie es damals üblich war, wurde meine Großmutter drei Tage nach ihrem Tod beerdigt. Meine Mutter bestellte Josef Löscher von der alteingesessenen Bestattungsfirma in unserem Viertel. Er regelte alles, sein Büro hatte schnell das Wichtigste geklärt. Am Donnerstag um 9 Uhr Messe in der Pfarrkirche St. Johann, anschließend ist um 10 Uhr die Beerdigung auf dem Waldfriedhof.

Der Tag der Beerdigung war gekommen. Die Familie saß in ihrer Bank und wartete auf den Beginn der Messe. Kein Geistlicher hatte meine Mutter vorher besucht, um zu hören, wie meine Oma Anna gestorben war. Er hätte sich etwas über ihren wuchernden Krebs erzählen lassen können, er hätte ihre Tochter kennengelernt und wäre so ihrer Trauer auf die Spur gekommen. Nichts, im Pfarramt hatte man scheinbar dafür keine Zeit. Also warteten wir. Der Glockenschlag im Turm, neun Mal erklang die dumpfe Totenglocke. Die Orgel heulte ein paar Melodien. Unser Küster zog am hellen Glöcklein der Sakristei. Heraus kam Prälat Dr. Moritz, der im Schuldienst weißhaarig geworden war. Eine Schule hatte er schon lange nicht mehr von innen gesehen. Die Nazis und die Schüler hatten ihm arg zugesetzt, denn im Ruhestand war er zittrig geworden. Heute weiß ich, dass er an Parkinson erkrankt war. Als Kind beobachtete ich nur, wie sein Kopf unaufhörlich wackelte. Nervös feierte er die Messe, und wer nicht an seine Krankheit gewöhnt war, wurde ebenfalls nervös. Mit ihm hatte keiner gerechnet. Er schleppte sich die vielen Altarstufen hinauf. Hoch oben angekommen setzte er erst einmal den Kelch ab. Dann drehte er sich um, murmelte einen lateinischen Satz und wartete auf die Antwort des Küsters, der die Rolle des Messdieners spielte. In einem schmalen, tiefschwarzen Messgewand, bei dem viel Stoff fehlte, wackelte Dr. Moritz durch den Ritus. In den Bänken sahen wir nur ein leichenblasses Kreuz auf dem Rücken des Gewandes. Was der Küster und der Prälat im Gottesdienst miteinander flüsterten, blieb unhörbar. Wir hätten Latein sowieso nicht verstanden. Ich fragte mich die ganze Zeit nach meiner Oma Anna. Wann erzählt der Prälat von ihr und wie schlägt er den Krebs in die Flucht? Der Organist sang alleine Choral mit seiner verrauchten Stimme. Mittendrin brummte er einen längeren Gesang, der recht bedrohlich wirkte.

„Dies irae, dies illa
Solvet saeclum in favilla:
Teste David cum Sibylla."

Gott sei Dank verstand die Familie nicht, dass es um den Tag der Rache ging. Einzig die Altarkerzen spendeten ein wenig Licht. Meine Mutter weinte, aber wen interessierte es? Der Prälat schaute zur Wand, die Familie hielt sich in seinem Rücken. Doch ein oder zweimal drehte er sich um, aber nur um seinen lateinischen Spruch zu sagen. „Dominus vobiscum" – so hieß Oma Anna doch gar nicht. Was soll es, er hat sie kein einziges Mal in der Messe erwähnt. Sie spielte keine Rolle, obwohl es ihr Gottesdienst war. Dabei war meine Großmutter eine fromme Frau gewesen, die die Frömmigkeit ihrer Tochter ausgiebig geprägt hat. Oft hatte ich mit ihr eine Kirche besucht, und jedes Mal hielten wir vor dem Marienaltar inne, um eine Kerze anzuzünden und ein „Gegrüßet seist Du, Maria" zu beten. Der Glaube hatte ihr geholfen, das oft schwere Leben mit vier Kindern durchzustehen. Großmutter Anna war sozusagen in der Kirche zuhause, aber die Kirche wusste nichts von ihr. Meine Mutter erfüllte ihre Tochterpflicht. Das Leben ihrer Mutter wurde in keinem Moment erwähnt, nicht einmal ihr Name tauchte auf. Die Beerdigungsmesse lief ab, wie jede Beerdigungsmesse damals ablief.

Wenn ich heute zurückdenke, war es letztlich gleichgültig, was gesungen und gebetet wurde. Mich störte, dass keine Geschichte von Oma Anna erzählt wurde. Vor dem Schlusssegen rannte der Küster in die Sakristei, um mit einem schwarzen Tuch herauszukommen. Er breitete es auf die Stufen und stellte ein paar Altarkerzen daneben. Der gebrechliche Prälat wackelte genau davor, blieb stehen und wartete auf den Küster. Jener stürmte mit dem Weihrauchfass herbei, das tüchtig qualmte. Dann begann der Priester, ein paar Gebete zu nuscheln. Schließlich schnappte er sich das Weihrauchfass und zitterte um das Tuch herum. Keiner von uns wusste, was die Rauchattacke auf den Götzensarg – so nannte der Volksmund dieses schwarze Tuch – bedeutete. Um fünf nach halb zehn verzogen sich Qualm und Prälat. Den Namen meiner Großmutter habe ich in diesen 35 Minuten kein einziges Mal gehört.

Meine Mutter hatte solch eine Beerdigung wahrscheinlich schon bei ihrem Vater erlebt. Vielleicht hatte sie aus diesem Grund gar keine großen Erwartungen. Trotzdem hätte der Enkel gerne etwas von Oma Anna gehört. Was danach auf dem Friedhof passiert ist, habe ich vergessen. Wie sie überhaupt in der Erde verschwand, habe ich nicht beobachtet.

## Maria in Emmaus

*Am gleichen Tag waren zwei von den Jüngern auf dem Weg in ein Dorf namens Emmaus, das sechzig Stadien von Jerusalem entfernt ist. Sie sprachen miteinander über all das, was sich ereignet hatte. Während sie redeten und ihre Gedanken austauschten, kam Jesus hinzu und ging mit ihnen. Doch sie waren wie mit Blindheit geschlagen, so dass sie ihn nicht erkannten. Er fragte sie: Was sind das für Dinge, über die ihr auf eurem Weg miteinander redet? Da blieben sie traurig stehen, und der eine von ihnen – er hieß Kleopas – antwortete ihm: Bist du so fremd in Jerusalem, dass du als Einziger nicht weißt, was in diesen Tagen dort geschehen ist? Er fragte sie: Was denn? Sie antworteten ihm: Das mit Jesus aus Nazaret. Er war ein Prophet, mächtig in Wort und Tat vor Gott und dem ganzen Volk. Doch unsere Hohenpriester und Führer haben ihn zum Tod verurteilen und an Kreuz schlagen lassen. Wir aber hatten gehofft, dass er der sei, der Israel erlösen werde. Und dazu ist heute schon der dritte Tag, seitdem das alles geschehen ist. Aber nicht nur das: Auch einige Frauen aus unserem Kreis haben uns in große Aufregung versetzt. Sie waren in der Frühe beim Grab, fanden aber seinen Leichnam nicht. Als sie zurückkamen, erzählten sie, es seien ihnen Engel erschienen und hätten gesagt, er lebe. Einige von uns gingen dann zum Grab und fanden alles so, wie die Frauen gesagt hatten; ihn selbst sahen sie aber nicht.*

*Da sagte er zu ihnen: Begreift ihr denn nicht? Wie schwer fällt es euch, alles zu glauben, was die Propheten gesagt haben. Musste nicht der Messias all das erleiden, um so in seine Herrlichkeit zu gelangen? Und er legte ihnen dar, ausgehend von Mose und allen Propheten, was in der gesamten Schrift über ihn geschrieben steht. So erreichten sie das Dorf, zu dem sie unterwegs waren. Jesus tat, als wolle er weitergehen, aber sie drängten ihn und sagten: Bleib doch bei uns; denn es wird bald Abend, der Tag hat sich schon geneigt.*

*Da ging er mit hinein, um bei ihnen zu bleiben. Und als er mit ihnen bei Tisch war, nahm er das Brot, brach das Brot und gab es ihnen. Da gingen ihnen die Augen auf, und sie erkannten ihn; dann sahen sie ihn nicht mehr. Und sie sagten zueinander: Brannte uns nicht das Herz in der Brust, als er unterwegs mit uns redete und uns den Sinn der Schrift erschloss? (Lk 24,13–32).*

Wochen vor meiner Einführung feierte ich eine hl. Messe in der neuen Gemeinde. Danach rief mich Maria an, um mir zu sagen, wie sie meine Predigt empfunden hatte. Sie war das erste Gemeindemitglied, das ich kennenlernte.

Das Telefonat passte zu Maria. Obwohl eine durch und durch fromme Frau, hielt sie gerade in der Kirche mit ihrer Meinung nicht hinter dem Berg. Wenn sie meinte, eine Predigt anfragen zu müssen, tat sie es. Sie sagte alles, ohne sich hinter Worthülsen zu verstecken. Genauso redete sie im Altenheim. Als Mitglied des Heimbeirates nannte sie unhaltbare Zustände beim Namen. Ihr Geist war viel zu klar, um nicht zu durchschauen. Je älter sie wurde, desto schwerer fiel es ihr, Gesprächspartner zu finden, die sich auf ihr Niveau einließen. Dadurch fühlte sie sich mehr und mehr einsam und forderte manchmal zu viel von den anderen.

Maria ist kurz vor Ostern gestorben. Eine Ostergeschichte passt besonders zu ihr. Emmaus war das Ziel ihrer vielen Wege. Maria spazierte gerne durch die Stadt und den Stadtwald. Lange Zeit begleitete sie ihr Hund. Als er eingegangen war, stand sie ohne Weggefährten da. Aber sie sah sofort ein, dass sie zu alt war, um sich noch einmal einen Hund anzuschaffen. „Was passiert mit dem Tier, wenn ich einmal nicht mehr bin." Sie staunte über die Bäume, die Blumen und die Wiesen. An der Schöpfung

Gottes erfreute sie sich jedes Mal, wenn sie sich auf den Weg machte. In den dunklen Stunden ihres Lebens waren sie ihr Trost. Den Selbstmord ihres Mannes hat sie nie verkraftet. Auf den langen Spazierwegen dachte sie darüber nach, und der einen oder dem anderen erzählte sie es. Wahrscheinlich hörte sich ihr Hund ihre traurigen Selbstgespräche an. Sicher hat sie die Worte der Hl. Schrift hin- und herbewegt. Denn aus der Botschaft der Bibel versuchte sie zu leben. Wenn es dann gelang, den Gesprächspartner zu finden, dann sprudelte sie und war kaum zu bremsen. Dabei blieb sie wählerisch. Nicht mit jedem ging sie nach Emmaus. Sie suchte immer die geeigneten Gesprächspartner, um Gott und Jesus in die Mitte zu holen.

Sprechen war für Maria so kostbar wie das Brotbrechen in der Eucharistie. Daraus lebte sie, daraus schöpfte sie ihre Kraft. Die Hl. Messe war der Mittelpunkt ihres alten Lebens geworden. So erlebten wir sie in der Gemeinde. Deshalb berief sie der Pfarrgemeinderat mit 85 Jahren zur Kommunionausteilerin. Der Berufung hatte sie sofort zugestimmt. Auf diese Weise drückte sie ihren Glauben an Emmaus praktisch aus. Sie durfte das gebrochene Brot verteilen. Das Herz von Maria brannte, so wie die Herzen der beiden Wanderer nach Emmaus brannten. Sie wollte wissen, wie es um Gott, um Jesus Christus und sein Brot stand. Wissen, nicht um Jesus in der Hand zu haben, sondern um ihm zu vertrauen. Ich wünsche ihr, dass Jesus das Feuer der Sehnsucht in ihrem Herzen für immer gelöscht hat und ihr die Augen aufgegangen sind.

## 3. Der Nächste bitte

Mein Vater hat zu Hause nie viel erzählt. Von dem, was in seinem Büro passierte, bekam ich wenig mit. Ab und an hörte ich einen Namen, den ich schon einmal gehört hatte. Im Großen und Ganzen schwieg er über das Landgericht, obwohl meine Mutter als seine ehemalige Kollegin sich mehr Neuigkeiten gewünscht hätte. Deshalb habe ich nur eine Gerichtsgeschichte behalten.

Sie spielte gar nicht in dem Backsteingebäude der Behörde, sondern auf dem Friedhof und wiederholte sich jedes Mal, wenn ein Mitarbeiter des Landgerichts verstorben war. Die Toten begraben zählte zu seinen Angestelltenpflichten und dafür gab es ein paar Stunden dienstfrei. Die ganze Abteilung vom Landgerichtsdirektor bis zum Justizwachtmeister zog zum Friedhof, um die so genannte letzte Ehre zu erweisen. Sobald Vater ein weißes Hemd anzog, seinen dunklen Anzug überwarf und die schwarze Krawatte umband, merkten wir Kinder, dass eine Beerdigung anstand. Zu jeder Beerdigung das gleiche Ritual: ein frisches Hemd, der dunkle Anzug, die schwarze Krawatte und die gleiche Ansage:

„Heute ist die Beerdigung von Müller. Falls der Gottesdienst nicht zu lange dauert, bin ich früher zum Mittagessen zu Hause."

„Wer ist denn dieser Müller, der von der Ersten Strafkammer oder der aus der Verwaltung?", fragte meine Mutter noch. Aber mein Vater hatte keine Zeit mehr, um ausführlich zu antworten. Meine Mutter ließ nicht locker.

Denn mit manchem Namen verband sie selbst eine Geschichte. Auf diese Weise knüpfte sie an alte Zeiten an, und meine Eltern hatten ein gemeinsames Thema. Beim Mittagessen interessierte sie, wer auf den Friedhof mitgezogen war. War Frau Müller dabei? Was machte sie? Wie trauerte sie? Weinte sie? Und die Söhne? Anderes schien weniger interessant. Über eine Predigt wurde nie geredet. Vielleicht hatte der Pfarrer geschwiegen. Nicht immer war der Verstorbene so beachtenswert, dass mit ihm eine ganze Mittagspause ausgefüllt wurde. Beim Essen kam mein Vater auf ein Gebet zu sprechen, das für ihn auf dem Friedhof wie ein Signal wirkte. Als Kind war es das einzige Mal, das ich mit meinem Vater über Beten gesprochen habe.

„Ich bin wieder abgehauen." Ich verstand es nicht.

„Bevor der Pfarrer für den nächsten Toten aus unserer Mitte beten konnte, war ich weg. Ich will nicht der Nächste sein."

Was der Pfarrer genau betete, hatte er gar nicht mehr mitbekommen. „Lasset uns auch beten für alle Lebenden und für den aus unserer Mitte, der zuerst dem Verstorbenen vor das Angesicht Gottes folgen wird. Herr, erbarme dich." So schnell hätte der Pfarrer gar nicht aus dem schwarzen Büchlein beten können, wie mein Vater verschwunden war. Bescheiden, wie er war, wollte er anderen den Vortritt lassen, bestimmt auf dem Friedhof. Aus diesem Grund wehrte er sich gegen die Bitte, anders als im Wartezimmer des Arztes, wo er auf den Aufruf „Der Nächste bitte" geradezu wartete. Konsequent beobachtete er die Beerdigung genau, um den richtigen Zeitpunkt abzupassen. Bevor die Fürbitte kam, hatte er zu verschwinden, obwohl er gerne für den Verstorbenen weitergebetet hätte. Hinten, in der letzten Reihe, schaute er zu und hörte fluchtbereit hin. Der Sarg war bereits im Erdloch verschwunden. Das „Vater unser" hatte die Trauergesellschaft schon hinter sich. Ein paar Tropfen Weihwasser auf den Sarg, dann nahm der Priester die Schaufel Erde und warf sie schwungvoll in die Grube. „Staub bist du, und zum Staube kehrst du zurück. Der Herr aber wird dich auferwecken am Jüngsten Tage." Jetzt hieß es aufpassen! Noch ein, zwei Gebete, dann sollte er außer Gebetsreichweite sein. Nur weg, damit ihn die Worte nicht im letzten Moment einholen konnten. Er drehte sich um und rannte fast weg. In magischem Verständnis entzog er sich. Dabei war er felsenfest überzeugt, dem Tod ein Schnippchen geschlagen zu haben. Er wird beim nächsten Mal wieder an ihm vorübergehen. Warum sollte er der Nächste sein? Für ihn hatte der Pfarrer nicht gebetet. Er war schon längst weg. War es ein lustiges Spiel mit dem Sensenmann? Denn wer kann sich vor dem Tod schon verstecken!

Zu Hause erzählte mein Vater mit Stolz, den Tod überlistet zu haben. Er tat so, als ob sich der Tod seine Abwesenheit notiert habe. Bis zu seiner Pensionierung hatte es für ihn funktioniert. Unter den Toten des Landgerichtes war er nie der Nächste. Solange er nicht mitbeten würde, überlebe er, log er sich in die eigene Tasche. Aber vielleicht spottet der Tod. Denn ein Kollege, der an meines Vaters Grab die Fürbitte mitgebetet hatte, liegt in einem Grab ihm schräg gegenüber.

Ich habe als Pfarrer gelernt, dass es auf dem Friedhof immer einen Nächsten geben wird. Vielleicht bin ich es, der dem Sarg vorangegangen ist. Ein Chormantel verdeckt nur die Leichenblöße. Der Tod zwingt zur Solidarität, die das Leben oft vermissen lässt. Tote und Lebende gehören eng zusammen, das Gebet für einen Lebenden ist immer auch ein Gebet für einen zukünftig Sterbenden, mag er sich noch so wehren. Ich habe das vor mir, was der Verstorbene hinter sich hat. Am Grab lohnt es sich, vorwärts und rückwärts zu schauen. Dort wird es immer einen Nächsten geben. Eduard Mörike hat es in einem Gedicht meisterlich ausgedrückt.

„Ein Tännlein grünet wo,
Wer weiß, im Walde,
Ein Rosenstrauch, wer sagt,
In welchem Garten?
Sie sind erlesen schon,
Denk es, o Seele,
Auf deinem Grab zu wurzeln
Und zu wachsen.

Zwei Rößlein weiden
Auf der Wiese,
Sie kehren heim zur Stadt
In muntern Sprüngen.
Sie werden schrittweis gehen
Mit deiner Leiche;
Vielleicht, vielleicht noch eh
An ihren Hufen
Das Eisen los wird,
Das ich blitzen sehe!"

## Matthias und die Dorfpolitik

*Denn so spricht Gott, der Herr: Jetzt will ich meine Schafe selber suchen und mich selber um sie kümmern. Wie ein Hirt sich um die*

*Tiere kümmert an dem Tag, an dem er mitten unter den Schafen ist, die sich verirrt haben, so kümmere ich mich um meine Schafe und hole sie zurück von all den Orten, wohin sie sich am dunklen, düsteren Tag zerstreut haben. Ich führe sie aus den Völkern heraus, ich hole sie aus den Ländern zusammen und bringe sie in ihr Land. Ich führe sie in den Bergen Israels auf die Weide, in den Tälern und an allen bewohnten Orten des Landes. Auf gute Weide will ich sie führen, im Bergland Israels werden ihre Weideplätze sein. Dort sollen sie auf guten Weideplätzen lagern, auf den Bergen Israels sollen sie fette Weide finden. Ich werde meine Schafe auf die Weide führen, ich werde sie ruhen lassen – Spruch Gottes, des Herrn. Die verlorengegangenen Tiere will ich suchen, die vertriebenen zurückbringen, die verletzten verbinden, die schwachen kräftigen, die fetten und starken behüten. Ich will ihr Hirt sein und für sie sorgen, wie es recht ist (Ez 34,11–16).*

Vielleicht hat Matthias die Geschichte des guten Hirten geliebt, da sie zu einem Satz auf der Todesanzeige passt: „In der Hoffnung, dass Gott sich jedes Einzelnen erbarmend erinnert, starb Matthias." In dem Satz steckt seine Sterbensgeschichte und damit auch seine Lebensgeschichte. Dahinter verbirgt sich die Sehnsucht vieler Menschen. Sie möchten auf keinen Fall vergessen werden. Ich wünsche mir, dass Gott sich meiner erinnert, mich in sein Inneres holt. Auf diese Weise ruhe ich im Herzen Gottes, in seinem Erbarmen.

Matthias hat es geahnt. Er hat gerne gelebt. Weil er so an seinem Leben hing, hat er sich das gegönnt, was zu einem Mann auf dem Dorf gehört oder zumindest dem Bild davon. Sonntags ging er regelmäßig zum Frühschoppen. Es wurde viel getrunken und geraucht. Ich habe Matthias nie ohne brennende Zigarette gesehen. Manchmal tat ich mich schwer mit ihm, weil er sich einfach querstellte. Auf der anderen Seite zeigte er vielfältiges Engagement. Zum Dorf, das fest in CDU-Hand war, passte kein SPD-Mitglied wie er. Er war in diesem Ort in der falschen Partei. Bei jeder Wahl zum Gemeinderat spürte er es. Sein Stammtisch hat ihn sicher nicht gewählt, obwohl ihm keiner etwas nachsagen konnte. Als die Familie das Haus im Dorf baute, hat er viele Abende und Urlaubstage dafür geopfert. Ein gelernter Elektromonteur wusste, wie es ging. Da starb seine erste Frau an Krebs. Vielleicht zerbrach ein Traum, vielleicht entdeckte er damals, wie kostbar das Leben ist. Nun fing er an, das Leben richtig zu suchen. Aber wer lebt, macht Fehler. Matthias hat Fehler gemacht. Anders als viele Männer konnte er darüber sprechen. Er hat sich sogar entschuldigt. Die Entschuldigung gehört zu seinem Leben, um das er bis zuletzt gekämpft hat.

Seine letzten Lebenswochen waren ein einziger Kampf. Schnell und einfach wollte er sein Leben nicht aufgeben. Dafür waren sein Lebenswillen und seine Lebenssehnsucht zu stark. Wer aber leben will und um die Fehler weiß, die er im Leben macht, der ahnt schneller als andere, dass er auf Barmherzigkeit angewiesen ist. Er spürt, wie das Herz Gottes für ihn pocht.

Wenn ich die Zeichen seiner letzten Lebenstage deuten darf, dann wird sich Gott seiner erbarmend erinnern. Ganz bewusst empfing er die Krankensalbung. Keiner, der an seinem Bett stand, hat die Nähe des Todes verharmlost. Er verabschiedete sich mit einem Gebet, mit dem sein Leben und seine Lust zu leben abgerundet wurden.

Es gibt wahrscheinlich in der Bibel kein schöneres Bild für Gottes Erbarmen als die Geschichte vom guten Hirten. Er bricht auf, um die müden Schafe zu suchen. Die vertriebenen und verletzten sollen in den Stall zurückfinden. Der Herr findet sie alle und sorgt sich um sie. Gott sucht den Menschen, der sich im Leben verläuft. Wenn er ihn gefunden hat, trägt er ihn nach Hause zurück. Alle Lebenswunden verbindet er.

Ich baue darauf, dass Gott, der gute Hirt, sich an Matthias erbarmend erinnert und ihn deshalb nie vergisst.

## 4. Weiße Rosen

Mein Vater war gerade zwei Tage tot. Der alt gewordene Josef Löscher, unser Bestatter, war informiert. Als wir kamen, ahnte er, um wen es ging. Zu oft hatte er meinen Vater auf der Straße gegrüßt und ihm alles Gute gewünscht. Auf diese Weise wirbt er Kunden, scherzte mein Vater immer, er wird der Letzte sein, dem ich begegnen werde. Jetzt hatten wir für ihn den Sarg gekauft, den Beerdigungsgottesdienst angemeldet und 100 Todesanzeigen drucken lassen.

Komisch, zu Hause hatte sich eigentlich gar nichts verändert. Meine Mutter schien sich wie immer zu verhalten. Sie kochte uns Kaffee, wischte den Tisch und deckte den Kuchen auf. Ab und zu bemerkte ich ihre glänzenden Augen, ohne dass sie jedoch weinte. Ihre Tränen waren im Krankenhaus geflossen, nachdem sie behutsam die Tür des Sterbezimmers geschlossen hatte. Wahrscheinlich hatte sie vor ihrem toten Mann die Tränen unterdrückt. Auf dem Flur brauchte sie sich nicht zurückzuhalten. Zu Hause schienen die Tränensäcke geleert. Sie sprach selten von ihrem Mann. Wenn überhaupt erzählte sie von den letzten Gesprächen mit ihm im Krankenhaus. Was wir jetzt zusammen redeten, waren angesichts seines Sterbens Belanglosigkeiten, die ich so nicht erwartet hätte. Aber die Organisation einer Beerdigung verlangt, sich mit Banalitäten zu beschäftigen. Sie redete, als ob mein Vater jeden Moment die Wohnungstür aufschließen und mitplanen würde. Meine Mutter sprach und tat wie vor dem Tod meines Vaters. Manchmal, meinte ich, hätte sie ihn leise angesprochen. Mir erging es ähnlich. Obwohl ich mich meinem Vater eng verbunden fühlte, war keine Welt eingestürzt. Es lief weiter, selbst wenn noch so vieles im Wohnzimmer an meinen Vater erinnerte. Arbeit stand an, die Todesanzeigen mussten verschickt werden und meiner Mutter schwirrten viele Leute im Kopf herum, die benachrichtigt werden mussten. Am liebsten hätte sie Vater danach gefragt. Sie diktierte die mühsam zusammengesuchten Adressen, mein Bruder und ich schrieben flott. Meinen Vater hätten wir jetzt gut gebrauchen können. Er hatte eine brillante Handschrift. Dafür war er sogar im Büro bekannt. Wir versuchten mühsam einigermaßen leserlich zu schreiben, denn die Drucksachen sollten schließlich ankommen. Also schrieben wir ununterbrochen. Sobald der Kaffee erkaltet war, schenkte Mutter nach. Für einen kurzen Moment unterbrach sie das Diktat. Dann und wann ergänzte sie eine Adresse mit einer kleinen Geschichte, die meinen Vater mit jenem Namen verband. Insofern war es ein lehrreicher Nachmittag, der mir meinen Vater anders nahebrachte. Es war etwas Besonderes, dass Mutter so erzählte.

Plötzlich klingelte es Sturm an der Tür. Mein Bruder öffnete, ich hörte an der Tür einen kurzen Wortwechsel. Er blieb nicht lange, er kam mit einem Strauß Blumen in der Hand zurück. Eine Karte mit schwarzem Trauerrand steckte an der raschelnden Papierhülle. Meine Mutter riss sie ab und legte sie auf den Tisch. Vorsichtig entfernte sie das Papier. Darunter war ein Strauß weißer, langstieliger Rosen versteckt. Nur weiße Rosen, sonst nichts. Ihre Blütenkelche waren noch geschlossen. Blütenblatt an Blütenblatt rollte sich um einen unsichtbaren Kern. Es schien so, als ob sie das Geheimnis des Todes umhüllten. Vielleicht war es das Geheimnis der Liebe. An den Stielen fehlten die Dornen. Zum ersten Mal kamen mir weiße Rosen nicht kitschig vor. Sonst dachte ich immer an den Schlager „Weiße Rosen aus Athen", der mir alle weißen Rosen verleidet hatte.

Jetzt öffnete meine Mutter den Briefumschlag. Dann las sie halblaut vor, wobei ich nur die letzten Worte verstand: mit stillem Gruß Brigitte. Sie war die Schwester eines Mitbruders, den ich gestern über den Tod meines Vaters informiert hatte. Brigitte hatte meinen Vater während meines Studiums kennengelernt und dann zwei- oder dreimal gesehen. Deshalb staunten wir über die Blumen. Mein Bruder stockte mit dem Schreiben, ich schluckte und meine Mutter weinte. Zum ersten Mal weinte sie zu Hause. Die schneeweißen Blumen lösten ihre Starre. Die Tränen liefen wieder über ihre Wangen. Ein Tempotaschentuch reichte nicht. Sie weinte und ließ sich nicht unterbrechen. Wir Geschwister schwiegen, um selbst über den Moment hinwegzukommen. Es war ein kostbarer Moment, zu kostbar, um gerade jetzt die Vase für die Rosen zu holen. Meine Mutter, die sonst so schnell wie möglich jeden Blumenstrauß ins Wasser stellte, schien dieses Mal zu vergessen, dass sie Wasser brauchten. In diesem Moment waren ihre Tränen Wasser genug. Sie war ganz bei sich und ihrem Mann. Die Blumen klärten für sie endgültig, dass ihr Mann nie wieder nach Hause kommen wird. Weder der Sargkauf noch die 100 gedruckten Todesanzeigen hatten ihre Blockaden gelöst. Bisher wusste ich nicht, wie weiße Rosen eine verkrampfte Seele lösen. Der Strauß, der gar nicht kunstvoll gebunden war, wurde mir wichtiger als alle prachtvollen Kränze, die zwei Tage später auf dem Grabhügel meines Vaters lagen. An die weißen Rosen erinnere ich mich bis heute, die vielen Kränze habe ich vergessen.

Sie unterbrachen den Nachmittag kurz, so wie das Sterben das Leben eine Ewigkeit unterbricht. Wir stoppten das Schreiben der Adressen. Der Strauß weißer Rosen, zur rechten Zeit gebracht, war eine heilsame Unterbrechung. Wenn Unterbrechung die kürzeste Definition von Religion ist, dann erlebten wir einen religiösen Augenblick. Weiße Rosen wurden für meinen Vater und für uns alle ein Zeichen der Hoffnung.

## Mein Vater

*Als Judas hinausgegangen war, sagte Jesus: Jetzt ist der Menschensohn verherrlicht, und Gott ist in ihm verherrlicht. Wenn Gott in ihm verherrlicht ist, wird auch Gott ihn in sich verherrlichen, und er wird ihn bald verherrlichen. Meine Kinder, ich bin nur noch kurze Zeit bei euch. Ihr werdet mich suchen, und was ich den Juden gesagt habe, sage ich jetzt auch euch: Wohin ich gehe, dorthin könnt ihr nicht gelangen. Ein neues Gebot gebe ich euch: Liebt einander! Wie ich euch geliebt habe, so sollt auch ihr einander lieben. Daran werden alle erkennen, dass ihr meine Jünger seid; wenn ihr einander liebt (Joh 13,31–35).*

Über eines wundere ich mich: Nach dem Tod meines Vaters habe ich nicht gefragt, wo mag er jetzt sein. Auch in der Familie haben wir darüber geschwiegen. Es war kein Thema in den letzten Tagen. Wir haben festgestellt, dass er weg ist. Für uns ist er nicht mehr da, wie er bisher da war.

Seine Hände, seine Stimme, seine Augen bleiben für uns nur Erinnerung. Für meine Mutter wird sein Verschwinden die Last der nächsten Jahre sein.

Obwohl ich seit zwei Jahrzehnten Theologe bin, wundere ich mich, wie wenig Theologie tröstet. Es ist manches im Kopf klar, das Herz hängt hinterher. Ich traure, weil die Beziehung zu meinem Vater radikal abgebrochen scheint. Da ist im Moment nichts mehr. Enge Beziehungen haben sein Leben geprägt, vor allen Dingen die Beziehung zu seiner Frau, unserer Mutter. Mit ihr wollte er noch länger leben, hat er zuletzt im Krankenhaus geflüstert. Manchmal denke ich, die Beziehung hat ihn für manche Verletzung entschädigt. Als Verwaltungsangestellter im Landgericht stand er ganz unten in der strengen Beamtenhierarchie. Jeder, der die Laufbahnvoraussetzungen nicht erfüllte, war von vornherein ausgeschlossen. Der Erste Weltkrieg und die folgende Wirtschaftskrise hatten es ihm verwehrt, die Zeugnisse vorzulegen, die er bei der Justiz gebraucht hätte. Deshalb war es meinem Vater unmöglich, sich so einzubringen, wie es seinem Talent entsprach. Dort zählten allein die Promotion, der Titel, die Laufbahn und die Macht. Trotzdem biss er sich durch und litt still. Mein Vater ahnte, dass er mehr zu bieten hatte. Aber es wurde nicht gebraucht.

Zu Hause brachte er ein, was im Büro nicht gefragt war. In seiner Familie konnte er sein Talent verwirklichen. Er gestaltete, er plante, er verantwortete. Und er ließ uns mitgestalten, mitplanen, mitverantworten. Auf diese Weise schuf er unbewusst in seiner Familie ein dichtes Netz, aus dem keiner herausfiel. Als Sohn habe ich seine Begabung erst spät erkannt, aber letztlich war es mein Vater, der uns zusammenführte und verband.

Wir feiern seinen Beerdigungsgottesdienst vor einem Altar, der an Familiengeschichte erinnert. Mein Vater war eine Zeitlang schweigsames Mitglied des Kirchenvorstandes. Eines Tages stand auf der Tagesordnung: TOP 3: Der Altar der Franziskanerinnen in der Marienkapelle. Das Kloster der Schwestern war aufgelöst worden, und der alte, neugotische Altar sollte einfach in einem Depot verschwinden. Mein Heimatpfarrer machte sich dafür stark, ihn in einer Kapelle unserer Gemeinde aufzustellen. Von dem Wunsch erzählte mein stiller Vater oft zu Hause, und er hat ihn aus einem ganz bestimmten Grund lebhaft unterstützt. Vor dem Altar der Schwestern hatte er nämlich geheiratet. Die Klosterkirche war der Ort, wo er seiner Frau das Eheversprechen gegeben hatte. Deshalb erinnerte er sich an den Altar, der für ihn auf keinen Fall in einem Depot verschwinden durfte. Er war ja ein Symbol seiner Liebe und Treue. Auf jeden Fall gehörte dieses Zeichen in unsere Marienkapelle, wo er Sonntag für Sonntag die Messe mitfeierte. Mein Vater hat selten gekämpft, aber in dieser Situation hielt ihn nichts. Aus dem großen Wort „Liebe" wurde für ihn ein praktisches Handeln.

Das Johannesevangelium ist voll von diesem Wort. Immer wieder taucht es auf. Nach Johannes ist Gott selbst die Liebe. Er liebt die Menschen, so wie sie sich selbst nicht lieben können. Aus Liebe schickt er seinen Sohn in die Welt, damit die Menschen lieben lernen. Gott tritt in eine Liebesbeziehung zu den Menschen. Wenn ich darauf vertraue, dass Gottes Liebe meinen Vater nach seinem Tod erfasst hat, ist er aufgehoben in der Beziehung zu Gott. Gleichzeitig bekommt meine Beziehung zu Gott eine andere Qualität. Denn in ihr lebt mein Vater mit. Insofern ist der Altar, vor dem wir jetzt seine Beerdigungsmesse feiern, mehr als nur eine persönliche Erinnerung an die Hochzeit meiner Eltern. Er weist darauf hin, dass Gott die Menschen so liebt, dass sie im Leben und Sterben aufgehoben sind. Die Beziehung Gottes zu den Menschen, die Beziehung der Menschen untereinander werden hier gefeiert. Gottes Liebe zu den Menschen endet niemals. In dieser Hoffnung ist mein Vater heimgegangen.

## 5. Tanz mit dem Tod

Als junger Kaplan kannte ich die Dogmen vom Erlösungswerk Jesu Christi. Darüber war ich im Studium geprüft worden. Aber die Lehre von den letzten Dingen rauschte an mir vorbei. Ich bewahrte wie so oft die unaufgeklärten Vorstellungen der Kindertage. Da ich in vielen Semestern das Sterben nicht gelernt hatte, lernte ich kaum das Leben.

Es war die lebenslustige Katharina, die mich damals mit dem Tod konfrontierte. Als ich ihr zum ersten Mal begegnete, war sie 17 Jahre alt. Etwas flippig, verrieten ihre offenen Augen, dass sie ständig beobachtete. Sie schaute weiter und tiefer als die anderen Jugendlichen, mit denen sie sich in der Jugendarbeit engagierte. Ihre Eltern waren froh, ihre Tochter wenigstens so in die Kirche eingebunden zu wissen.

Alles, was sie sah, zeichnete sie. Ein weißes Blatt Papier blieb bei ihr nicht lange leer. Der Zeichenstift verriet ihre künstlerische Begabung. Selbstverständlich förderten wir ihr Talent, selbstverständlich rieten wir ihr zu einem Kunststudium. Ohne Probleme schaffte sie es, in die Meisterklasse eines bekannten Malers aufgenommen zu werden. An der Kunsthochschule Düsseldorf begann sie, und es war genau ihr Studium. Von einem Künstlerleben hatte sie geträumt, vom ersten Tag ihres Studiums lebte sie es, obwohl manches Klischee war.

Auf jeden Fall lebte sie. Leben, nichts als Leben, weg aus der angeblichen Ordnungsanstalt Elternhaus. Ja, Leben, nichts als Leben, das Leben zeichnen, nichts als Zeichnen, so lief ihr Studium ab, wie ich es aus der Ferne mitbekam. Einem Mann der Kirche tat es gut, so ein Leben kennenzulernen, ohne sofort Unmoralisches zu wittern.

Eines Tages rief mich Katharina aus Düsseldorf an. Sie hatte gerade ihr fünftes Semester beendet und ihre Kreativität sprudelte.

„Siehst du eine Möglichkeit, irgendwo auszustellen?", fragte sie mich. Ich freute mich, von ihr zu hören. Auf jeden Fall wollte ich ihren Wunsch, den sie betont klar vorbrachte, unterstützen. Vom Kunstbetrieb hatte ich sowieso keine Ahnung, so dass mir viele Ausstellungsorte durch den Kopf gingen. Die Stadtkirche, irgendeine Pfarrkirche oder die Bischöfliche Akademie? Die wichtigste Frage hatte ich bis zu diesem Zeitpunkt noch gar nicht gestellt.

„Was willst du überhaupt ausstellen?" Zu meiner Überraschung antwortete sie prompt. Sie zögerte keinen Augenblick. „15 grafische Blätter, einen Totentanz. Ja, einen Totentanz." Das Telefon verschluckte meine Verblüffung. Üppige Liebespaare wären als Ausstellungsobjekte für eine Kirche untauglich gewesen. Dagegen ist ein Totentanz harmlos, aber todernst.

Es gelang uns, ihren Zyklus in der Empfangshalle einer Bischöflichen Akademie zu platzieren. Wie es üblich war, begann die Ausstellung mit einer Vernissage. Mich hatte Katharina gebeten, die Eröffnungsrede zu halten. Ich fühlte mich unwohl, weil ich den Spagat zwischen Kunst und Theologie nicht beherrschte. Noch unwohler war mir, jetzt mit dem Tod tanzen zu müssen. Aber der Totentanz war ein Kunstwerk und keine Tanzschule, um mit dem Tod tanzen zu lernen.

Vielen Totentänzen bin ich danach begegnet. Jedes Mal betrachtete ich den tanzenden Tod als eine Figur der

Kunst. Inzwischen bin ich 64 Jahre alt, und neulich stieß ich auf einen Totentanz, der sogar einem Krimi den Titel gegeben hat. Die unverhoffte Begegnung fand in einem wehrhaften Dorfkirchlein statt. Als ich den gedrungenen Kirchenraum betrat, staunte ich. Die Wände waren von oben bis unten, von vorne bis hinten mit Fresken geschmückt. Genau in Augenhöhe sah ich den Totentanz, dessentwegen ich in dieses Nest gereist war. Mir wurde zum ersten Mal bewusst, dass Totentanz eine falsche Bezeichnung ist. Im Grunde tanzt der Tod nicht. Ihm geht es um seine Macht zu führen. Er weiß sie alle in seiner Gewalt, mögen sie sich noch so wehren. Der dargestellte Totentanz ist ein Zug in die Gefangenschaft, ohne dass die Gefangenen in Ketten laufen. Sie werden alle geholt, weil sie alle verurteilt sind. Zuerst das Kind aus der Wiege, dann der Bettler auf seinem Beinstumpf, der Kaufmann mit prall gefülltem Geldsack, der Mönch, der Bischof, der Kardinal, die Königin, die einzige Frau in diesem Reigen, der König und zu guter Letzt der Papst, der unmittelbar vor dem ausgehobenen Grab steht. Seine Gewänder wird er nicht mehr brauchen, um zu „tanzen". Hier wird nicht getanzt, hier wird gezogen und gezerrt. Der sich immer wiederholende Tod lässt keinen der Eingereihten los, und alle haben sie sich angestellt. Der lange Zug der Gefangenen hat ein Ziel, wieder den Tod. Obwohl der Tod elfmal in der Reihe steht, lässt er es sich nicht nehmen, ein allerletztes Mal vor allen aufzutrumpfen. Dicht vor dem Grab thront der Tod. In seiner Hand hält er das Buch mit den Todesurteilen. In ihm stehen alle Lebensgeschichten, obwohl der thronende Richter sein Urteil längst gefällt hat. Die noch so klugen Plädoyers der Verteidigung helfen nicht mehr, weil sich die Anwälte selber anstellen müssen.

Ob ich will oder nicht, der Tod schleppt mich vor den Tod. Warum sollte es mir besser als dem Papst gehen! Das Fresko erinnerte mich an einen Kaiserthron. Aber auf dem Thron saß kein Kaiser. Was sollte er auch dort! Wenn der Tod über Welt und Leben herrscht, ist er selbst der Kaiser.

Die Bilder riefen unwillkürlich Katharinas Totentanz von vor 40 Jahren ins Gedächtnis. Längst spüre ich, wie mich eine kalte Hand anpackt und nicht mehr loslässt. Anders als früher sind es nicht mehr die anderen, die sterben und mich verschonen; ich fühle mich selbst in die Reihe gestellt, ohne mich ausdrücklich dafür entschieden zu haben. Die Knochenhand hat kräftig zugepackt; es klappern ihre Knöchel, ob es meine verschlissenen Kreuzbeingelenke sind oder der hohe Blutdruck. Und Klappern gehört zum Handwerk des Todes. Vor 40 Jahren war ich zu jung, um mich im Reigen zu sehen. Heute weiß ich um meinen Platz. Vor 40 Jahren waren es andere Menschen auf den Blättern von Katharina. Mit ihnen hatte ich nichts zu tun, außer dass sie ein interessantes Motiv abgaben. Heute springe ich vor dem Kaiserthron mit. Vor 40 Jahren schien ich keine Angst zu kennen, heute schlottern meine Knie und ich bin zu diesem Veitstanz angetreten. Das Tanzbein schwinge ich mit. Vielleicht gibt es noch ein paar kleine Umwege, aber wenn ich in meinem Chormantel vor dem Sarg schreite, erreiche ich bald den Thron mit dem hässlichen Richter. Ich will nicht tanzen, doch wer fragt mich schon?

## Werner wurde geführt

*Jesus sagte zu Petrus: Amen, amen, das sage ich dir: Als du noch jung warst, hast du dich selbst gegürtet und konntest gehen, wohin du wolltest. Wenn du aber alt geworden bist, wirst du deine Hände ausstrecken und ein anderer wird dich gürten und dich führen, wohin du nicht willst. Das sagte Jesus, um anzudeuten, durch welchen Tod er Gott verherrlichen würde (Joh 21,18–19).*

Werner hat sich von uns verabschiedet, ohne viel Aufhebens zu machen. Er ist still, ganz in Ruhe weggegangen. Kurz nach seinem Geburtstag – er wurde 81 Jahre alt –, als gerade die Sonne aufgegangen war, brach er lautlos auf. Keiner hat ihn gehört, keiner hat es mitbekommen, als er loszog. Der Morgen des 6. August schien genau die Zeit für ihn zu sein. Er hatte sich schon lange genug darauf vorbereitet. Jetzt musste er aufbrechen, jetzt musste er gehen.

In den letzten Jahren strahlte sein Krankenzimmer Frieden aus. Werner hatte seine Zufriedenheit und Gelassenheit gefunden, die ihm keine Krankheit nehmen konnte. Deshalb war es nie eine Last, ihn zu besuchen. Sicher, die streitbare Phase war schon vorbei. Zunächst hatte er sich nicht damit abgefunden, Vergangenheit und Gegenwart zu verlieren. Er kämpfte und leistete seiner Frau Widerstand. Dabei war sie schuldlos. Manchmal wusste sie nicht ein noch aus, weil der Kampf ihren Werner so verändert hatte. Aber nach seinem langen Kampf lag er friedvoll in seinem Bett, fröhlich stammelnd wie aus einer anderen Welt. Was er mitbekam, waren die Gebete und die besondere Qualität des Brotes, das ich ihm reichte. Sein Amen war ein Amen.

Seine schwere Demenz darf nicht verharmlost werden. Wer die Mühen seiner Frau kleinredet, geht über ihre Qual hinweg. Dennoch bleibt der Friede der letzten Jahre.

Als ich Werner 2003 kennenlernte, schlich die Krankheit bereits heran. Den Werner, von dem alle erzählten, habe ich nicht mehr erlebt: den Ingenieur, den Uhrmacher, den Tüftler, der für fast jedes Problem eine Lösung fand. Liebevoll hat er sich um die Technik in den Gebäuden der Pfarrgemeinde gekümmert. Viel Zeit und Einsatz schenkte er ihr ehrenamtlich. Aber er war für die Menschen hier weniger der pensionierte Elektroingenieur, der einmal die Kräne des Braunkohleabbaus beherrscht hatte. Mehr war er derjenige, der im Caritaskreis ihre Not im Blick hatte. Die Sorgen anderer wurden zu seinen eigenen. Trotzdem, die Krankheit verschonte ihn nicht. Sie blieb ihm auf den Fersen. Ich sehe es vor mir. Seine Frau brachte ihren Mann ab und an mit zur Kleiderkammer. Sie musste ihn mit beiden Händen aus dem Auto herausziehen und Schrittchen für Schrittchen in die Tür des Hauses schleifen. Ein Mann, der im Auftrag des TÜV riesige Bagger kontrolliert hatte, fand keinen Schritt mehr. Er musste geführt werden, so wie es im Evangelium steht.

Wer alt geworden ist und keinen Schritt mehr findet, wird geführt. Ich hoffe, dass wir Werner zu Jesus geführt haben. Er hat ihn dann fest an beide Hände genommen und ihn ganz behutsam, ganz langsam in den Himmel gezogen.

## 6. Ein Totenrad

In die Zeit, als ich mich mit Katharinas Werk auseinandersetzte, fiel eine Ferienfreizeit mit Kindern in Südtirol, während der ein Wandbild auf einer Friedhofsmauer an einer kleinen Pfarrkirche mein Interesse weckte.

Jahre später reiste ich als Urlauber nach Südtirol und ich erinnerte mich an das Fresko. Auf jeden Fall wollte ich es wiedersehen. An einem Samstagnachmittag, die Sonne schien freundlich, startete ich. Ich hatte mitbekommen, dass das Bergdorf, in dem die Kirche stand, gerade an diesem Wochenende Kirmes feierte. Aber auf dem Friedhof würde es ruhig sein, vermutete ich.

Vom Tal aus schlängelte sich eine kurvenreiche Straße nach oben zum Dorf. Es herrschte kaum Verkehr. Die meisten waren eben zu Hause und bereiteten sich auf die Kirmes vor, dachte ich. Überall entdeckte ich Plakate: Kirchweihfest, großer Festtrubel im Zelt und auf dem Dorfplatz. 18 Uhr Konzert der Tiroler Bläser, anschließend Tanz. Heute sollte es losgehen. Ich stellte mich darauf ein. Auf einmal stoppte mich ein Carabiniere. Lässig schwenkte er seine Kelle und ging genauso lässig zu seinem Streifenwagen zurück. Dahinter parkten der Notarzt und die Feuerwehr. Weiter sah ich nichts, doch eine einzelne fette Bremsspur klebte auf dem Asphalt. Ein zweiter Polizist maß sorgfältig ihre Länge. Eindeutig, hier war ein Unfall passiert. Aber nirgendwo war ein zerstörtes Auto zu sehen, und es saßen keine Verletzten am Straßenrand. Nach einer Viertelstunde ließ mich der Carabiniere passieren. Langsam fuhr ich ins Dorf. Ein Transparent über der Straße begrüßte mich als Kirmesbesucher. Es wünschte mir viel Spaß an diesen tollen Tagen. Eigenartigerweise war davon nichts zu spüren. Im Dorf herrschte Totenstille. Nur die Fahnen, die überall an den Häusern flatterten, wiesen auf die Kirmes hin. Keine Kinder spielten Kirmes, keine Musikkapelle probte. Nirgendwo wurde vor den Häusern gekehrt, selbst das Wirtshaus hatte geschlossen. Auf dem Kirmesplatz bauten einige Jugendlichen ab statt auf. Sie räumten die Zeltgarnituren weg, auf denen noch kein einziges Bier gestanden hatte. Die Stimmung wirkte gedrückt. Auch in der Kirche wirbelte kein Küster, um das Festhochamt vorzubereiten. Kein Mensch harkte auf dem danebenliegenden Friedhof und gab dem Familiengrab den letzten Schliff. Ich stand wirklich alleine vor dem Fresko. Wie vor über dreißig Jahren bannte es mich.

An einem Holzrad dreht der Tod, ohne Drehorgelspieler zu sein. Mit der Kurbel wird hier keine Musik gemacht. An der ersten Speiche hängt ein Baby. Eine Speiche weiter kauert ein Kind. Es folgt ein Jugendlicher. Obenauf hockt ein bärtiger Mann. Mit Kraft hat er die Spitze erreicht und genießt den Überblick. Dann geht es bergab. Zwei Speichen weiter wird der Bart weiß. Mühsam klammert sich ein alter Mann am Rad. Unten fällt ein Greis in einen offenen Sarg. Es ist durchgehend ein und derselbe Mann. Die Darstellung zeigt ihn, wie er auf dem Rad der Zeit langsam altert. Die sichtbaren Zahlen entsprechen dem Alter des Mannes. Mit 40 Jahren hat er seinen Höhepunkt erreicht, ab dann zerrt ihn das Rad in die Tiefe und die Zahlen gehen in die Höhe. Mit 80 Jahren fällt er vom Rad in sein Grab und nichts kann seinen Fall verhindern. Der Tod dreht und dreht das Rad. Er ist der Rädelsführer, und keiner greift dem Schicksal in die Speichen.

Fasziniert betrachtete ich das Bild nach so langer Zeit wieder, doch hatte auch mich der Tod weitergekurbelt. Als Kaplan hatte ich mich auf der 30 sitzen sehen. Mehr als eine halbe Radspanne lag damals vor mir. Inzwischen saß ich auf der 60, kaum noch entfernt von der 80. Zwei, drei Drehungen weiter und ich würde mich nicht mehr halten können. Hoffentlich macht der Tod eine lange Pause, so schnell muss sich das Rad nicht drehen, dachte ich. Gott sei Dank stand ich alleine vor dem Fresko. Wenn mich mein Tod anschaut, soll mich keiner stören. Denn schließlich stirbt jeder für sich allein.

Allmählich schwante mir, was im Ort los war. Am Montag darauf las ich es dann im Dolomitenboten: „Motorradfahrer starb auf der Straße. Auf dem Weg von der Arbeit nach Hause verunglückte am Samstagnachmittag der 20-jährige Sepp S. Wegen zu hoher Geschwindigkeit wurde er aus der Kurve getragen. Im Krankenhaus konnte nur noch sein Tod festgestellt werden. Die anstehende Kirmes wurde sofort abgesagt."

Der Tod hatte wie wild am Rad gedreht, und „dem Herrn unserem Gott hat es ganz und gar nicht gefallen, dass Sepp S. durch einen Verkehrsunfall starb" (Kurt Marti).

### Demonstration für Georg

*Sie kamen zu einem Grundstück, das Getsemani heißt, und er sagte zu seinen Jüngern: Setzt euch und wartet hier, während ich bete. Und er nahm Petrus, Jakobus und Johannes mit sich. Da ergriff ihn*

*Furcht und Angst, und er sagte zu ihnen: Meine Seele ist zu Tode betrübt. Bleibt hier und wacht! Und er ging ein Stück weiter, warf sich auf die Erde nieder und betete, dass die Stunde, wenn möglich, an ihm vorübergehe. Er sprach: Abba, Vater, alles ist dir möglich. Nimm diesen Kelch von mir! Aber nicht, was ich will, sondern was du willst, soll geschehen (Mk 14,32–36).*

Am liebsten würde ich Georg sprechen lassen. Aber er schweigt. Deshalb will ich jetzt nur eins tun: Ich will der Familie von Georg meine Stimme leihen. Das, was sie im Moment fühlt, muss doch einer aussprechen. Ich will es, aber ich kann es nicht richtig. Wer kann Worte finden für das, was wir letztlich empfinden. Dennoch müssen wir um Georgs willen reden. Wir müssen laut gegen seinen Tod protestieren. 31 Jahre ist zu jung, und er war zu lebensfroh. Einen jungen Ehemann, einen Vater von zwei kleinen Kindern sterben zu lassen ist grausam. Da hilft es nicht, über die Umstände des Verkehrsunfalls zu spekulieren. Anderen gelang es in ähnlichen Situationen zu entkommen, sie durften überleben. Georg verunglückte und starb. Jeder Versuch zu erklären und zu deuten scheitert. Deshalb wird der Gang zum Friedhof eine Demonstration. Ja, wir demonstrieren gegen Georgs Tod.

In den Reihen der Demonstranten entdecke ich Jesus Christus. Er demonstriert mit. Er weiß keinen Rat. „Seine Seele ist zu Tode betrübt." „Trüb, trübsinnig" sind altertümliche Worte. Wenn sich eine Flüssigkeit eintrübt, ist sie unklar. Auch für Jesus ist alles unklar. Sein Herz und sein Geist sind bis an die Todesgrenze verwirrt, aufgewühlt, aufgewiegelt. Können wir uns in seinen Gefühlen wiederfinden? Ja, unsere Gedanken denkt Jesus, unsere

Herzen schlagen mit dem Herzen Jesu. Herz Jesu? Ist das nicht der richtige Name für Jesus?

Der Wunsch seiner Frau ist unerfüllt geblieben. Sie wollte mit Georg alt werden. Davon hat sie immer wieder gesprochen. Damals ist Jesu Wille nicht erfüllt worden. Der Kelch ist an ihm nicht vorübergegangen. Deshalb demonstriert er jetzt Seite an Seite mit uns. Er gibt unserem Demonstrationszug, trotz aller Dunkelheit, ein wenig Licht. Denn ich glaube daran, dass Jesus Christus das österliche Licht ist.

Als Christ hoffe ich auf dieses Licht. Als Christ glaube ich, dass Jesus Christus um unsere Verzweiflung weiß. Er geht mit denen, deren Seelen zu Tode betrübt sind.

Als Christ vertraue ich darauf, dass es für Georg Ostern gibt. Ich wünsche ihm den hellen Schein der Ostersonne.

## 7. Requiems

Relativ spät in meinem Leben begegnete ich dem Requiem von Mozart. An meiner Kaplansstelle arbeitete ein hervorragender Kantor, der mich an einem trüben Allerseelentag einlud.

„Kommen Sie auch, Herr Kaplan? Wir führen das Requiem von Mozart auf. Am Totensonntag um 17 Uhr in der Tonhalle! Es singt der Stadtchor, und das Stadtorchester spielt."

Obwohl in klassischer Musik unerfahren, wusste ich inzwischen, dass das Requiem von Mozart zum Monat November gehört wie das Weihnachtsoratorium von Bach in die Weihnachtszeit. Ich nahm die Einladung an, ohne genau zu wissen, was auf mich zukam. Punkt 17 Uhr traten das Orchester und der Chor auf die Bühne, wie üblich trat unser Kantor ein wenig später an das Pult, verbeugte sich und hob den Taktstock. Er begann ganz gelassen. Das Orchester spielte sich schrittweise, immer kräftiger werdend, an die ersten Paukenschläge heran. Für mich schienen die Töne zu klettern, so lange bis der Chor einstieg. „Requiem aeternam dona eis, Domine" Die Stimmgewalt des Chores explodierte, ohne die Harmonie zu stören. Das „Requiem" durfte den Sängern nicht im Hals stecken bleiben. Der Dirigent lockte, weil er wusste, wie Mozart seine Komposition angelegt hatte. Alles lief auf das herausgesungene „Requiem" zu; darin verbarg sich das, was Text und Musik wollten. Für mich schloss das gesungene Wort alles auf.

Es stand am Anfang, überschrieb das Ganze und verfolgte mich bis zum Schluss.

Ein zweites Requiem lernte ich Jahre später kennen. Als Pfarrer hatte ich Kontakt zum Kantor der benachbarten Kleinstadt. Er führte das Deutsche Requiem von Johannes Brahms auf. Wieder wusste ich nichts darüber. Wieder wurde das Konzert an einem Novembernachmittag gegeben, aber statt in gemütlichen Sesseln einer Konzerthalle saß ich auf den harten Bänken der Pfarrkirche St. Peter. Eigentlich ist für mich ein Deutsches Requiem widersprüchlich, denn das Requiem gehört zur katholischen Totenliturgie mit ihren lateinischen Texten. Doch Johannes Brahms reihte gut evangelisch einen Bibelvers an den anderen. Noch eines wusste ich: Brahms komponierte zu einer anderen Zeit als Mozart.

Der Dirigent hob den Taktstock. Er schien seine Musiker zu fixieren. Dann ging es los. Langsam und leise schlich die Musik durch das Ohr, und von Ferne war ein drohender Unterton zu hören. Er machte mich unruhig. Dann setzte der Chor ein, behutsam, mitfühlend, niemals überwältigend. „Selig, die da Leid tragen." Die Paukenschläge fehlten. Die Töne schienen an mir vorbeizurauschen, und ich versuchte, trotz harter Kirchenbank genauer zu hören. Allmählich spürte ich, wie mich der Komponist auf einen für mich entscheidenden Vers zuführte.

Die Töne des ersten Satzes klangen aus. Der Maestro hob wieder den Taktstock. Von ganz unten wuchs die Musik in den Himmel. Da hörte ich die vermissten Paukenschläge. Aber sobald die Melodie nach meinem Gefühl ihren Höhepunkt erreicht hatte, wurde sie durch den Komponisten zurückgenommen und fing neu an. Jetzt machte sie mich neugierig. Denn je mehr die Musik mit mir spielte, desto spannender wurde sie. Jetzt, nein, doch nicht, aber dann, nein, wieder zurück. Jedes Mal, wenn der Chor auf der Spur war, steigerten sich Tempo und Lautstärke. Es wurde so spannend, dass ich gebannt zuhörte. Dabei war ich ein Banause und lag vielleicht ganz falsch mit meinen Eindrücken. Doch die Komposition fesselte auf ihre Weise, dieses ständige Anklingen und Abklingen, ein Dasein und ein Wegsein, bis sich die Lösung nicht mehr zurückhalten ließ. Sie musste kommen, jetzt oder nie. Ich hatte so lange darauf gewartet. Brahms würde mich nicht an der Nase herumführen.

Tatsächlich, der Höhepunkt kam, mein Höhepunkt bis heute. Sein Klang stieß sich in den Raum. Noch einmal setzten Orchester und Chor nach. In diesem Moment gab es kein Entrinnen. „Denn alles Fleisch, es ist wie Gras." Der Chor schrie es heraus, obwohl es kein Schreien war oder doch der Schrei der Verzweiflung über ein Leben, das so ausweglos erscheint. Nachdem es heraus war, musste es wiederholt werden. Einmal reichte der Verzweiflungsschrei nicht. In vielen Variationen erklang es, laut und leise. Auf jeden Fall hörte ich es.

„Denn alles Fleisch, es ist wie Gras
und alle Herrlichkeit des Menschen
wie des Grases Blumen.
Das Gras ist verdorret
und die Blume abgefallen."

Seit damals geht der erste Vers mit mir. Er hat sich bei mir tief eingegraben. „Denn alles Fleisch, es ist wie Gras." Das ist mein Satz geworden, weil die Musik unausweichlich zu ihm hingeführt hat. Ja, unausweichlich, ohne Rückzugsmöglichkeit. Keiner hätte es geschafft, aus der Kirche zu fliehen. Wie ein Gefangener hockte der Zuhörer in seiner Kirchenbank. „Denn alles Fleisch, es ist wie Gras." Eigenartig, den Text hätte ich schon längst aus der Bibel kennen müssen. Schließlich steht er im Ersten Petrusbrief, der wieder den Propheten Jesaja zitiert. Beim Lesen der Heiligen Schrift ist er mir aber nie so aufgefallen wie beim Hören des Deutschen Requiems.

Am Montag danach stand ich in einer Musikalienhandlung.

„Haben Sie eine Aufnahme des Deutschen Requiems von Brahms?" Die Verkäuferin suchte, vorrätig war sie nicht.

„Ich bestelle sie Ihnen. Übermorgen ist sie dann hier."

„Bitte so schnell wie möglich." Ich wollte nicht warten. Zwei Tage später hatte ich sie bei mir zu Hause, das Deutsche Requiem auf einem Tonträger. Ich wollte es sofort hören. Wie in der Kirche schraubte sich die Musik hoch, langsam, mit melodiösen Unterbrechungen, bis sie an dem Punkt angekommen war, der mich so fasziniert hatte. „Denn alles Fleisch, es ist wie Gras." Und ich war auch wieder angekommen. „Und alle Herrlichkeit des Menschen wie des Grases Blumen. Das Gras ist verdorret und die Blume abgefallen." Der Tod stand mitten zwischen den Lautsprechern der Stereoanlage. Eindeutig spürte ich, wie sich die Musik mit mir solidarisierte. Allein das Gefühl, von den Klängen nicht allein gelassen zu werden, machte Mut.

Silvester verbringt jeder Mensch anders. Die meisten feiern ausgelassen im Kreis von Freundinnen und Freunde. Silvesterrituale werden gepflegt wie das morgendliche Zähneputzen. Das Feuerwerk, die Luftschlangen und der immer wiederholte Fernsehsketch mit der gleichen Prozedur in jedem Jahr sind die besten Beispiele. Seitdem ich das

Deutsche Requiem kennengelernt hatte, übte ich für mich ein neues Ritual. Mitten im Trubel, das Fondue ist gegessen, ziehe ich mich in ein anderes Zimmer zurück.

„Das kannst du nicht machen! Du bist ein Stimmungstöter!" Ich gehe, gleichgültig, ob ich verstanden werde oder nicht.

„Ich bin dann mal weg!" Die Freunde müssen mich für eine halbe Stunde entschuldigen, weil ich es in der letzten Nacht eines alten Jahres hören möchte: „Denn alles Fleisch, es ist wie Gras." Ich muss es hören, bevor ich in ein neues Jahr gehe. Es hat nichts mit Todessehnsucht oder Morbidität zu tun. Warum soll ich Blei gießen, um angeblich in meine Zukunft zu blicken. Das Deutsche Requiem verspricht mir meine Zukunft todsicher, und sie gilt im neuen Jahr. Vor der Stunde null mahnt es zu Recht: „Denn alles Fleisch, es ist wie Gras." Aus diesem Grund lege ich Wert auf the same procedure as every year. Dabei hat dumpfe Resignation nicht das letzte Wort. Jedes Mal zucke ich zusammen, wenn der Satz aus dem Petrusbrief erklingt. Aber er geht auch weiter. „Aber des Herren Wort bleibet in Ewigkeit." Ja, auf des Herren Wort ist Verlass. Zumindest versucht die Musik, den Hörer fest in dieser Überzeugung zu verankern. Wo soll er sonst ein Fundament seines Lebens finden!

Danach kehre ich in den Kreis zurück. Das Dinner for many ist vorbei. Alle sind damit beschäftigt, den Ernst der Lage lauthals zu verdrängen. Die Lautsprecher johlen, warum es am Rhein so schön ist und weshalb ein bisschen Spaß sein muss. Meine Rückkehr wird gar nicht bemerkt. Auf jeden Fall kann die Stunde null kommen. Des Herren Wort bleibt in Ewigkeit.

## Rudolf und ein Lied

*Jesus sagte: Kommt alle zu mir, die ihr euch plagt und schwere Lasten zu tragen habt. Ich werde euch Ruhe verschaffen. Nehmt mein Joch auf euch und lernt von mir; denn ich bin gütig und von Herzen demütig; so werdet ihr Ruhe finden für eure Seele. Denn mein Joch drückt nicht und meine Last ist leicht (Mt 11,28–30).*

Es ist ein gutes Wort, das uns das Evangelium zuspricht, ein Wort, das ich nicht zu erklären brauche. Es ist das Wort, das den Moment erhellt. Als Rudolf nach langem Krankenhausaufenthalt gestorben war, fragte sich seine Frau, wohin sie jetzt gehen solle. Der Weg zum Krankenhaus war ausgelaufen, Rudolf war weg. Und das Wegsein eines Menschen lässt einen ziellos dahintrotten. Deshalb bietet das Evangelium ein Ziel: „Kommt alle zu mir, die ihr euch plagt und schwere Lasten zu tragen habt."

Das Versprechen gilt, und es galt auch für Rudolf während seiner langen, schweren Krankheit. Das Evangelium, das wir für seinen Gottesdienst ausgesucht haben, ist uns vertraut. Es ist nämlich die Lesung zum Herz-Jesu-Fest, dem Patronatsfest dieser Gemeinde. Rudolf hat sehr intensiv in seiner Gemeinde gelebt und sich für sie eingesetzt. Sie war die Mitte seines Lebens, sowohl beruflich als auch privat. 33 Jahre hat er an ihrer Grundschule die Kinder erzogen; von daher rührt die Verbindung vieler junger Männer und Frauen zu ihrem alten Lehrer. Darüber hinaus machte er mit, wo er gebraucht wurde: im Martinskomitee, in der Bruderschaft, im Pfarrgemeinderat, im Pfarrfestausschuss, als Aushilfe im Pfarrbüro, als Krankenkommunionhelfer und im Sachausschuss „Öffentlichkeitsarbeit". Dort habe ich ihn kennengelernt. Im Nachhinein behaupte ich, dass vieles in seinem Leben vom Evangelium des Herz-Jesu-Festes bestimmt war. Er hatte die Lasten seines Lebens angenommen und Ruhe gefunden. Aus der Ruhe entwickelte er eine Freude, die jede Sitzung unseres Ausschusses zu einem kleinen Fest gestaltete. Sobald wir die Tagesordnung abgearbeitet hatten, fing er fröhlich an zu erzählen, eine Geschichte nach der anderen. Wir gingen am Ende der Sitzung strahlend nach Hause. Die Ruhe des Evangeliums hatte ihn zu einem fröhlichen Menschen gemacht, sie prägte ihn auch als geduldigen Patienten. Es beeindruckte mich, wie er die lange Zeit seiner Krankheit aushielt. Er lag wirklich klaglos im Krankenbett des Franziskushauses, allen und allem ausgeliefert und doch vertrauend, dass das Richtige geschieht.

Christus verspricht: „So werdet ihr Ruhe finden für eure Seele." Meine Hoffnung, so glaube ich, trügt nicht: Rudolf hat diese Ruhe in seinem Leben und Sterben gefunden. Er wird sie in Ewigkeit bewahren.

Eine Melodie hat ihn begleitet. Ein Lied hat er in unserer Kirche mit viel Gefühl gerne mitgesungen. In ihm steckt keine große Kunst, kein Bach oder Mozart. Die Melodie ist schlicht, der Text ist einfach. Trotzdem, sobald die ersten Töne erklangen, fühlte sich Rudolf daheim. Eine Melodie öffnete sein Herz. Singen wir mit ihm das Herz-Jesu-Lied.

„Wer liebt, der kehrt zu dir nach Haus und ist der Nacht entrissen. Er sendet neu mit dir sich aus als Licht zu Finsternissen. Du bist die Sonne, wir der Schein, wir können ohne dich nicht sein und ohne dich nicht lieben.

Herz Jesu. Trost der ganzen Welt, mach unser Herz zu deinem! Nimm unsere Herzen ungezählt und mach sie zu einem!

Lass uns den Hass, das bittre Leid fortlieben aus der dunklen Zeit: Lass uns dein Reich erscheinen!"

## 8. Zu spät

Als junger Kaplan trat ich ab und zu in Fettnäpfchen. Feingefühl lernte man nicht im Theologiestudium. Vor Beerdigungen mit den Trauerbesuchen hatte ich Angst, aber was mir in den ersten Monaten meines Dienstes passierte, werde ich niemals vergessen, und ich darf es auch nie vergessen.

Wie es dazu gekommen ist, habe ich nie klären können. Eines war klar: Um 9 Uhr sollte ich die Beerdigungsmesse feiern, anschließend war für 11 Uhr die Beerdigung auf dem Ostfriedhof angesetzt. Das Trauergespräch war von mir geführt worden, ohne dass wir ausdrücklich über die Termine gesprochen hatten. Pünktlich begann ich die Beerdigungsmesse, und wie immer predigte ich. Jeder Verstorbene hat ein persönliches Wort zu seiner Verabschiedung verdient. Nach der Messe ging ich noch einmal in das Pfarrbüro, weil ich meinte, viel Zeit zu haben. Die Sekretärin bot mir einen Kaffee an. Das heiße Getränk tat gut. Die Kirchturmuhr schlug 10 Uhr. Also blieben noch 55 Minuten, in denen ich die nächste Schulstunde vorbereiten konnte. Ich knöpfte mir in Ruhe den Stundenentwurf für die Klasse 8a vor. Ich wollte meinen Schülern die Entstehung der Evangelien nahebringen.

Plötzlich klingelte das Telefon. Die Uhr zeigte 10 Uhr 35. Deshalb schaute ich am Hörer vorbei. Zuerst packte ich meine Tasche für die 8a. Das Telefon schellte weiter, ununterbrochen. Jetzt reichte es mir. Ich schnappte mir den Hörer.

„Damblon!" Eine aufgeregte Stimme antwortete, ohne Luft zu holen.

„Hier Ostfriedhof. Wo bleiben Sie? Wir warten seit zehn Minuten auf Sie."

„Wie bitte?"

„Um 10 Uhr 30 haben Sie eine Beerdigung. Und jetzt haben wir 10 Uhr 39."

„Tatsächlich?" Ich stotterte ein wenig. „Mir hat man 11 Uhr genannt."

„Wer hat Ihnen das gesagt? Auf unserem Friedhofsplan steht es schwarz auf weiß. Reinhard Onkelbach 10 Uhr 30 Beerdigung Feld A 7. Um 11 ist bereits die nächste Beerdigung. Die Träger laufen schon aufgescheucht herum. Kommen Sie sofort, sonst wird Onkelbach ohne Pfarrer beerdigt."

Sicher bin ich bleich geworden. Das Herz schlug wahrscheinlich unregelmäßig. Solche Nachrichten produzieren Herzrhythmusstörungen. Ich schnappte nach Luft. Nur keine Auseinandersetzung jetzt, sofort abfahren.

„Ich komme so schnell wie möglich."

Den Ostfriedhof erreichte ich in weniger als fünf Minuten. Inzwischen war es 10 Uhr 50. Wie schnell ich Talar und Rochett übergeworfen hatte, habe ich nicht gestoppt. Die Sargträger warnten mich davor, die Gebete zu lange auszudehnen. Die nächste Beerdigung stünde an. Mit weichen Knien zog ich in die Leichenhalle vor den Sarg. Still bat ich den Verstorbenen um Entschuldigung: Reinhard, verzeih bitte, dass ich dich habe warten lassen. Du bist auf deiner wichtigsten Reise. Du willst los, und ich bin unpünktlich. Nein, Reinhard, Schulstunde vorzubereiten, ist nicht wichtiger als dich zu beerdigen!

Wegen mir musste ein Toter warten. Wenn ich einen Lebenden warten lasse, stehle ich ihm kostbare Lebenszeit. Was raube ich einem Verstorbenen, den ich warten lasse?

Um seines allerletzten Weges willen habe ich pünktlich zu sein. Alles schoss mir durch den Kopf, als ich mich zitternd, fast murmelnd bei der Familie entschuldigte. So stammelnd, wusste ich bereits, dass mir ein Zuspätkommen auf dem Friedhof nie mehr passieren durfte. Wer zu spät kommt, den bestraft nicht nur das Leben, sondern auch der Tod.

### Die pünktliche Anneliese

*Aus der Tiefe rufe ich, Herr, zu dir: Herr, höre meine Stimme!*
*Wende dein Ohr mir zu, achte auf mein lautes Flehen!*
*Würdest du, Herr, unsere Sünden beachten, Herr, wer könnte bestehen?*
*Doch bei dir ist Vergebung, damit man in Ehrfurcht dir dient*
*(Ps 130,1–4).*

Anneliese hatte es nicht leicht, und sie hat es sich nicht leicht gemacht. Nein, es geht mir nicht nur um ihre schwere Parkinsonerkrankung. Ihre Krankheit war eine Last für sie. Es ist schlimm, wenn der Körper einfach nicht den Befehlen des Geistes folgt. Aus diesem Grund zog ein einfacher Armbruch bei ihr einen halbjährigen Krankenhausaufenthalt nach sich. Danach war es mit ihrer Bewegungsfreiheit ganz zu Ende. Widrige Lebensumstände lasteten auf ihrer Seele.

Anneliese stellte immer wieder die Frage, die sie ein Leben lang belastete: Habe ich in meinem Leben alles richtig gemacht? Anneliese war eine Perfektionistin. Sie wollte immer alles genau, sorgfältig, pünktlich und korrekt machen. Ich habe einmal von ihr eine Postkarte bekommen.

Die Anordnung des Textes faszinierte mich. Alles stimmte bis in jede Einzelheit, Punkt und Komma konnten nur so und nicht anders gesetzt werden. Mit dieser Haltung hatte sie es als Lehrerin schwer, obwohl der Beruf ihr Kindertraum gewesen war. Schon als Jugendliche wollte sie Pädagogin werden. Um sich das Studium zu finanzieren, arbeitete sie zunächst als Sekretärin. Eines Tages hatte sie es erreicht. Sie stand vor einer Klasse lebendiger Jungen und Mädchen. Aber es gelang ihr nicht, ihre eigene Perfektion an die Kinder zu vermitteln. Das Problem fiel auf sie selbst zurück. So quälte sie sich mit der Frage, ob sie denn alles richtig mache.

Sonntag für Sonntag gestaltete sie in der Gemeinde die Messe mit. Die Texte, die sie entwarf, verbesserte sie bis kurz vor Beginn des Gottesdienstes. In letzter Minute fand sie ein anderes Gebet oder eine neue Formulierung. Alles sollte richtig und gut sein. Auch vor Gott wollte sie perfekt dastehen. Es ist klar, dass sie daran scheitern musste. Denn vor Gott ist kein Mensch perfekt. Wie oft hat sie in der kurzen Zeit, in der ich sie kannte, mit mir gerungen und gekämpft. Wie oft hat sie sich und mich gefragt, ob sie vor Gott alles richtig gemacht habe. Nichts konnte sie trösten, nichts befreite sie. Die Frage Martin Luthers: Wo finde ich einen gnädigen Gott? beantwortete sie nicht. Gnade widersprach ihrem Wunsch nach Perfektion. Dabei hätte sie sie gebraucht. Ihr Gott war streng. Wie gerne habe ich ihr vom gnädigen Gott erzählt! Doch ihre Ohren blieben verschlossen.

Deshalb bete ich jetzt den Psalm, um ihr zum Abschied die Vergebung Gottes zu schenken. Wenn Gott so streng auf Perfektion achten würde, wer könnte dann vor ihm bestehen? Aber bei ihm ist Vergebung.

Auf Vergebung hat Anneliese gehofft, sie hat sie sich gewünscht. Deshalb gebe ich ihr auf ihrem letzten Weg mit: Du hast gekämpft, du hast dich gequält, du hast mit ihm gerungen. Fürchte dich nicht. Er hat dich bei deinem Namen gerufen. Du darfst zu ihm hingehen, denn er lädt alle ein, die mühselig und beladen sind. Er wird dir Ruhe verschaffen in Ewigkeit.

## 9. Fließband

Kapläne haben immer Dienst. So antwortete knapp und kurz mein Pfarrer, als ich über den städtischen Beerdigungsdienst murrte. Jede Pfarrei hatte einen ganzen Tag Beerdigungsdienst auf dem Hauptfriedhof der Stadt. Er begann morgens um 10 Uhr und endete nachmittags um 16 Uhr. Im Dreiviertel-Stunden-Takt wurde beerdigt. Nur eine kleine Mittagspause wurde dem diensthabenden Kaplan zugebilligt. Meistens verbrachte er den ganzen Tag auf dem Friedhof. 10 Uhr, 10:45 Uhr, 11:30 Uhr, 12:15 Uhr, 13 Uhr Mittagspause 13:45 Uhr, 14:30 Uhr, 15:15 Uhr, 16 Uhr, geschafft. Wer morgens ankam, ahnte, was auf ihn zukam. Ich war wieder einmal dran. Im Ankleidezimmer, dessen schmutziger Putz abblätterte, hing ein Tagesplan.

Dienstag, 15. Mai 1973
10 *Josef Schmitz A 7–5*       13:45 *Wolfgang Kürten B 3–6*
10:45 *Alberta Krüchten H 12–1* 14:30 *Katharina Dongen X 2–2*
11:30 *Markus Jacobi D 5–5*    15:15 *Marlene Lauter F 11–2*
12:15 *Adolf Loos C 9–10*      16 *Thea Pütz W 3–0*

Thea Pütz durfte mit einer zügigen Beerdigung rechnen, denn nach acht Grubengängen will jeder weg vom Friedhof. Vor halb fünf war damit nicht zu rechnen, zumal das Feld W 3 weit draußen lag.

Der Ablauf einer Beerdigung war perfekt organisiert. In der Totenhalle stand der Sarg, wie üblich von Kränzen und Lorbeerbäumen umgeben, dort begann der Organist mit einer kurzen Melodie, danach hastete ich einen Psalm herunter, bevor der Organist zum Auszug wieder spielte. Davon bekamen die Trauernden aber nur den Anfang mit, weil sie schon draußen standen. Wir waren alle auf der Flucht. Fast im Laufschritt ging es zum Grab, Sarg absenken mit einem zügigen Vaterunser und dann rasch zurück. Auch der Rückweg war durchgeplant. In der Nähe des Grabes, hinter Sträuchern versteckt, parkte ein Taxi, das mich zurück zur Halle brachte, pünktlich zur nächsten Beerdigung. Alle, die an diesem Tag zu beerdigen waren, wurden rationell wegbeerdigt. Ich hätte nie gedacht, wie kostengünstig Kirche planen konnte. Es ist preiswerter, einen Kaplan für acht Beerdigungen einzusetzen als acht Kapläne für jeweils eine. Für die Stadt war es sowieso zeit- und kostengünstiger, ohne Pausen durchzubeerdigen. Im Ankleidezimmer hing nicht nur der Dienstplan, für jede Beerdigung legte der Bestatter eine Karteikarte hin.

Name: *Pütz* Vorname: *Thea*
Geboren am: *30. 7. 1942* in: *Danzig*
Gestorben am: *11. 5. 1973* in: *Klinik Düsseldorf*
Wohnhaft in: *Martinusstr. 11* Pfarre: *St. Martin* verh. X led.

Mehr las ich nicht. Ich hätte sowieso keine Zeit gehabt, mehr zu lesen. Das Gelesene musste ausreichen, um eine Beerdigung abzuhaken. Jedes Mal übte ich Kopfrechnen. Ich wollte auf dem Zettel das Alter der Verstorbenen herausbekommen. 73 minus 42, sagen wir 72 minus 42 sind 30, plus 1. Frau Thea Pütz wurde 31 Jahre alt, nein, sie starb vor ihrem Geburtstag, also war sie 30 Jahre alt. Hoffentlich hatte ich mich nicht verrechnet. Tote wurden zu einer Rechenaufgabe gemacht. Mit jeder Beerdigung stumpfte ich ab. Was machte dann ein Rechenfehler! Dabei verrieten

Alter und Geburtsort bereits Lebensgeschichte von Thea. 30 Jahre ist kein Alter, um zu sterben, und Danzig verbinde ich mit Flucht. Was soll es? Die Geschichten von Josef, Alberta, Markus, Adolf, Wolfgang, Katharina und Marlene berührten mich genauso wenig. Die Friedhofswärter schauten auf die Uhr und drängten.

Hilflos schweifte mein Blick zu Beginn jeder Beerdigung auf eine Kranzschleife, um mich zu vergewissern: Frau oder Mann. „Meiner über alles geliebten Frau Thea" oder „Für meinen herzensguten Franz". Ab und zu werden die Kranzschleifen gelogen haben. Wir kamen am Grab an. Danach ging es sofort mit dem Taxi zurück. Nur einmal musste ich auf den Wagen warten. Er hatte sich zwischen den Gräbern verfahren.

Was war ich froh, als meine Versetzung den Beerdigungsdienst auf dem Städtischen Hauptfriedhof beendete. Am Fließband wollte ich auf keinen Fall mehr beerdigen. Jeder Verstorbene ist mehr als die paar Worte, die auf eine Karteikarte passen. Der französische Schriftsteller Marcel Proust drückte es besser aus: „Denn wir sprechen von dem Tod, um die Dinge zu vereinfachen, doch gibt es fast so viele Tode wie Menschen."

## N. Ein nie gebrauchter Versuch

*Jesus aber antwortete ihnen: Die Stunde ist gekommen, dass der Menschensohn verherrlicht wird. Amen, amen, ich sage euch: Wenn das Weizenkorn nicht in die Erde fällt und stirbt, bleibt es allein; wenn es aber stirbt, bringt es reiche Frucht. Wer an seinem Leben hängt, verliert es, wer aber sein Leben in dieser Welt gering achtet, wird es bewahren bis ins ewige Leben (Joh 12,23–25).*

N., ein Mensch, einer von uns, ist gestorben. Sein Herz hat genauso wie unseres geschlagen. Mit unserer Welt war er genauso verbunden wie wir.

Sein Leben ist beendet worden, und dieses Ende ist gültig, endgültig, nie mehr umkehrbar. Für ihn war der Tod kein Verhandlungspartner. Als unerbittlicher Gegner seines Willens, zu leben, stand dieser N. gegenüber, und N. hat verloren. Der Tod triumphiert. Er kostet seinen Sieg aus, er hält ihn uns vor: „Ich habe N. geholt, so wie ich euch holen werde!"

Für uns gibt es keine Zeit des Vergessens, die den Tod einfach aus dem Blickfeld verdrängt. Erst recht ist für Sie, liebe Familie von N., ein Vergessen unmöglich, weil der Tod nicht irgendeinen Sieg davongetragen hat. Er hat einen Menschen getroffen, der zu Ihrem Leben gehört.

N. wurde vor ... Jahren geboren, nicht um zu sterben, sondern um zu leben. Der Friedhof ist für uns Lebende keine wirkliche Möglichkeit. Dennoch kommen wir nicht an ihm vorbei. Als gläubiger Christ sehe ich nur eine Chance: das Bild des Evangeliums. Es ist uns allen klar, auch wenn wir nicht in der Landwirtschaft arbeiten. Saat: Ein Korn wird vom Bauer in die Erde geworfen und tief unter der Erde entfaltet es seine Lebenskraft. Es entsteht neues Leben, das das Leben des Samenkorns bei Weitem übertrifft. Die aus dem Korn gewachsene Ähre ist viel reicher, viel schöner, viel lebendiger als der Same. Wer wie das Korn auf sein Leben verzichten kann, wer es in die Erde abgeben kann, für den ist das neue Leben zu Ostern eine Möglichkeit.

Wenn wir nachher den Leib von N. in die Erde legen, denken Sie an das Bild vom Weizenkorn, welches sterben muss, um zu leben.

## 10. Friedhofsschuffelei

Im Friedhofswesen gibt es ein eigenartiges Wort: „Schuffeln". Es steht als Tätigkeitswort in keinem Duden, der nur ein Hauptwort, „Schuffel", kennt: eine Hacke mit einem flachen, zweischneidigen Blatt, wie sie im Garten gebraucht wird. Die Wortverwandtschaft zu Schaufel ist unverkennbar. „Schuffeln" beschreibt lautmalerisch die Tätigkeit, die dahintersteckt. Sobald das Wort ausgesprochen wird, ist das Schuffeln zu hören.

Es war vor Allerheiligen. Ich hatte eine Beerdigung auf dem Waldfriedhof. Schon auf dem Weg zum Grab störte, dass sich viele laut unterhielten. Einzig die Witwe, die dem Sarg folgte, schwieg. In der zweiten und dritten Reihe jedoch begann das Getuschel, das, je weiter die Menschen vom Sarg entfernt waren, immer lauter wurde. Bisher habe ich kein wirksames Mittel gegen Friedhofsgeschwätz gefunden. Gebete halten keinen davon ab, ununterbrochen weiterzureden. Selbst meine hochgezogenen Augenbrauen nützten nichts.

Wir erreichten das Grab. Noch bevor die Träger den Sarg vom Wagen gehoben hatten, fiel mir auf der gegenüberliegenden Seite ein Mann auf, dessen karierte Mütze fest auf seinem Kopf saß. Sein Gesicht war aufgedunsen, und trotz Eiseskälte meinte ich, Schweiß perle auf seiner Stirn. Immer wieder bückte sich der Mann. Die graue Regenjacke spannte dann und zog sich hoch, so dass der zu enge Hosenbund für die ganze Begräbnisgesellschaft sichtbar wurde. Mit seinen verdreckten Schuhen stand er am Wegrand vor einem Grab mit schlichtem Holzkreuz. Neben ihm lagen eine Harke und eine leere Gießkanne. Ohne auf uns zu achten, schnappte er sich die Harke und begann zu schuffeln. Ich versuchte, die Worte des Ritus so deutlich wie möglich zu sprechen. Mein Gegenüber sollte merken, dass er Zuschauer hatte. Nichts tat sich. Es war, als ob der Mensch taub wäre. Von oben nach unten kratzte er mit der Harke die Erde, die wahrscheinlich noch nicht gefroren war. Er zog die Schuffel langsam zu sich hin, hob sie heraus und fing dann wieder von vorne an. Alles wiederholte sich, und trotz der Entfernung hörte ich ein dauerndes Schuffeln. Vielleicht bildete ich es mir auch nur ein. Bewusst stoppte ich mein Beten und machte eine Pause. Inzwischen schaute auch die Küsterin auf den Schuffler. Trotz allem ließ er sich nicht aus der Ruhe bringen. Er schlug die Harke in die Erde und verfolgte aufmerksam ihre Spur. Als der Sarg in die Grube gesenkt wurde, blickte er nur einmal kurz auf, um dann sofort weiterzuschuffeln. Inzwischen müsste die Erde aufgelockert sein, so ein Einzelgrab ist doch klein, dachte ich, abgelenkt und unkonzentriert. Beinahe hätte ich mich beim Vaterunser versprochen. Denn während des Betens fing er wieder von vorne an. Jedes Gebet prallte am Schuffler ab. Als Knecht seiner Harke schuffelte er und schuffelte.

„Herr, gib dem Verstorbenen die ewige Ruhe!"

Die ewige Ruhe stelle ich mir anders vor, schon die Friedhofsruhe müsste meiner Meinung nach anders sein. Warum kann der Friedhof keine rede- und schuffelfreie Zone sein, zumindest während einer Beerdigung? Ist es die Angst vor dem Tod, die die Menschen gesprächig und schuffelig macht?

Als ich in der Friedhofshalle meinen Talar auszog, fühlte ich mich unwohl. Die Atmosphäre am Grab hatte nicht gestimmt, weil eine Harke gegen die Sense des Todes angekämpft hatte. Schuffeln verharmlost das Sterben. Kurz vor Allerheiligen ist die Schuffelei auf den Friedhöfen unerträglich. Dann gehen wahre Schuffel-Orgien auf den Gräbern ab.

Auf dem Rückweg sah ich den Mützenmann, wie er sich lebhaft mit einer Frau unterhielt. Also hören konnte er.

Vielleicht gibt es jedoch auch Gründe, die Friedhofsschuffelei milder zu beurteilen. Meine Mutter ist gerade 91 Jahre alt geworden. Sie sagt nicht mehr viel. Sie läuft nicht mehr viel, obwohl sie sehr gut zu Fuß ist. Es fehlen ihr die Worte und die Orientierung. Ihre gleichaltrige Freundin hat die Worte und die Orientierung, aber es fehlt ihr die Kraft zu laufen. Jedes Mal, wenn ich meine Mutter besuche, wünscht sie sich nur eins. Klar und deutlich spricht sie es aus: „Gehen wir heute zum Friedhof? Vaters Grab habe ich lange nicht mehr gesehen. Hoffentlich sieht es ordentlich aus." Dabei kann es sein, dass sie noch gestern mit meinem Bruder da gewesen ist.

Wir parkten den Wagen. Nachdem wir das Friedhofstor passiert hatten, nahm ich meine Mutter in den Arm, obwohl sie mich auf dem Friedhof führte. Denn zuallererst stoppte sie.

„Wir sind nicht im Gleichschritt. So kann ich nicht mitlaufen!" Wir versuchten, es hinzubekommen. Mit 91 Jahren marschiert meine Mutter.

Kaum standen wir vor dem Grab, bückte sie sich wie auf Kommando und fing an, die verwelkten Blätter aufzusammeln. Immer wieder lief sie zum Container, um die kleine Ausbeute loszuwerden. Wieder zurück und dasselbe Spiel von vorne, flott und flink. Jetzt wurden die beiden Sträucher zurechtgerupft. Ich wunderte mich, mit welcher Sorgfalt sie an die Arbeit ging. Dabei wirkte das Grab gepflegt. Die Ränder waren sauber beschnitten, und der Bodendecker bedeckte tatsächlich den Boden, ohne wild zu wuchern. Das Grab konnte sich sehen lassen. Meine Mutter bestätigte es mir:

„Der Gärtner arbeitet ordentlich."

Ich nickte. Nachdem wir das Lämpchen angezündet hatten und es still vor sich hin brannte, sprach meine Mutter einen Satz, den sie jedes Mal wiederholte: „Der Grabstein sieht aber dreckig aus."

Sie hatte Recht. Das Kreuz war von oben bis unten vermoost, was bei einem Waldfriedhof selbstverständlich ist. Moosgeflecht überwucherte die aus dem Stein herausgehauenen Rundungen. Es hatte sich wie ein schwarzer Film über den Stein ausgebreitet. Die Inschrift war zwar noch zu lesen, aber wie lange noch. Keine Hand hatte ihn in den letzten Jahren gesäubert. Grabsteinreinigung zählte nicht zum Pflegevertrag. Auf jeden Fall musste ich einmal mit dem Gärtner sprechen. Im nächsten Frühjahr sollte er einmal mit Putzmaterial anrücken.

Eins wurde mir klar: Putzen und Schuffeln graben sich tief in des Menschen Seele. Beides hielt meine Mutter lange im Gedächtnis, obwohl das meiste ihr schon abhandengekommen war. Als wir langsam zum Wagen zurückgingen, wunderte ich mich, dass wir nur über die Grabpflege gesprochen hatten. Über Vater redeten wir kein Wort. Doch die kleine Schuffelei an seinem Grab war ihre liebevolle Erinnerung. Manchmal verrät auch Ordnung Liebe.

Schuffeln gehört einfach zum Menschen, der damit einen unordentlichen Verlust abmildern will. Immer häufiger erfahre ich, dass junge Menschen des Schuffelns müde geworden sind. Es wird ihnen lästig, die Gräber ihrer so genannten Lieben zu pflegen. Sie wollen auf dem Friedhof keine Schrebergärten mehr. Schon die kleinste Parzelle ist ihnen zu viel. Auf Dauer werden die Kleingärtner auf den Friedhöfen fehlen. Auch aus diesem Grund verschwinden die Toten unter einem anonymen Rasen, der nie mehr geschuffelt werden muss. Das grüne Gras führt keinen in Versuchung zu schuffeln. Eines Tages werden wir es bedauern, dass keine Mützen und Harken mehr auf den Friedhöfen anrücken. Mit der letzten ausgerissenen Geranie verschwinden auch die Würde des Toten und die liebevolle Erinnerung an ihn. Leicht gerät der zukünftige Friedhof zum Ort der Ohnmenschlichkeit. Schuffelt also ruhig weiter, damit später einmal von mir ein wenig übrig bleibt.

## Marta und Agnes

*Jesus kam in ein Dorf. Eine Frau namens Marta nahm ihn freundlich auf. Sie hatte eine Schwester, die Maria hieß. Maria setzte sich dem Herrn zu Füßen und hörte seinen Worten zu. Marta aber war ganz davon in Anspruch genommen, für ihn zu sorgen. Sie kam zu ihm und sagte: Herr, kümmert es dich nicht, dass meine Schwester die ganze Arbeit mir allein überlässt? Sag ihr doch, sie soll mir helfen! Der Herr antwortete: Marta, Marta, du machst dir viele Sorgen und Mühen. Aber nur eines ist notwendig. Maria hat das Bessere gewählt, das soll ihr nicht genommen werden (Lk 10,38–42).*

Ich habe mir ein Foto von Agnes angesehen. Sie wirkte sehr gepflegt. Ja, es war eine gepflegte Frau, erzählen die Kinder. Darauf habe sie ein Leben lang Wert gelegt, sagen sie weiter. Bis ins hohe Alter gehörte der regelmäßige Friseurbesuch dazu. Auch ihre Wohnung sah immer ordentlich aus. Solange sie konnte, hielt sie die Zimmer in Ordnung. Manches fiel ihr nicht mehr leicht, immerhin war sie weit über 80 Jahre alt. Aber sie hielt es für ihre Lebensaufgabe, alles sauber zu halten, zu putzen, zu waschen und zu kochen. Schließlich hatte sie einmal ihre drei Kinder zu versorgen gehabt. Sie selbst würde ihr Tun im Haushalt gar nicht aufzählen können, so selbstverständlich wertete sie ihre Arbeit. Ob sie es so gewollt hat oder nicht, wer vermag es einzuschätzen.

Agnes erfüllte unbewusst eine Frauenrolle, die Jahrhunderte unsere Gesellschaft geprägt hat. Dadurch haben Männer selten eine vernünftige Sicht auf das, was Frauen leisten. Hausfrauenarbeit wird nach wie vor unterschätzt. Das Herz von Agnes fühlte sich verpflichtet, ihre Aufgabe in der Familie zu lösen. Als die Welt im Zweiten Weltkrieg lichterloh brannte, hat sie geheiratet und ihr erstes Kind geboren. In einer Zeit, in der fast mehr gestorben als geboren wurde, hatte sie zu sorgen und zu versorgen. Sie tat es, ohne lange darüber nachzudenken. Wer fragte schon nach ihren Interessen?

Als ob sie nicht schon genug am Hals gehabt hätte, brauchte irgendwann ihre eigene Mutter alle Sorge. Es ging nicht mehr, sie allein zu lassen. Sie war pflegebedürftig geworden. Wie immer in ihrem Leben stellte sich Agnes der Aufgabe. Treu und zuverlässig, bis sie selbst alt geworden war und nicht mehr konnte.

93 Jahre dauerte ihr Leben. Mit ihrer Pflicht, zu sorgen und zu pflegen, ist sie hochalt geworden. Doch zum Schluss konnte sie nicht mehr. Ich vermute, sie wollte nicht mehr. Vielleicht zum ersten Mal lehnte sie es ab, so

weiterzumachen wie bisher. Wahrscheinlich erkannte sie, dass sie ihre Lebensaufgabe erfüllt hatte. „Gott, ich habe in meinem Leben das getan, was du, Gott, für mich vorgesehen hast, ohne zu murren, ohne zu kritisieren. War es mein Leben, Gott?" Mit solchen Worten könnte sie gebetet haben.

Seit dieser Zeit aß sie unregelmäßig, und sie trank nur noch selten. Warum essen und trinken, sie wollte keine Kraft mehr, um zu putzen. Agnes stellte das Leben ein, weil es für sie nichts mehr gab, was sauber zu machen war.

Wie wichtig die Sorge einer Frau ist, berichtet die Bibel öfters. Einmal erzählt sie die Geschichte einer Frau, die Jesus versorgte. Marta hieß sie. Sie lebte zusammen mit ihrer Schwester Maria. Nach einer langen und mühevollen Wanderung war Jesus in ihr Haus gekommen, wahrscheinlich müde, hungrig und durstig. Sie fuhr alles auf, was ihr Haus zu bieten hatte. Ihre Schwester ruhte sich dagegen aus und hörte nur zu. Es ist verständlich, dass Marta sie unwirsch kritisierte. Aber es scheint, als ob Jesus Maria Recht gab. Trotzdem hat er die Arbeit der Marta dankbar angenommen. In dem Moment brauchte er ihre Fürsorge. Deshalb wird die Geschichte der fürsorglichen Frau Marta bis heute erzählt.

Agnes hat viel mit Marta gemeinsam. Als Christ vertraue ich darauf, dass Agnes, die ein Leben lang gesorgt hat, nun von Gott umsorgt wird. Sie braucht seine Fürsorge. Jesus Christus wird sie anreden: „Du, Agnes, hast ein Leben lang gesorgt. Jetzt bist du an der Reihe. Ich versorge dich eine Ewigkeit."

## 11. Meine Grabsteine

Im Urlaub war ich aufgebrochen, die kleine Klosterkirche auf der Insel Frauenchiemsee zu besichtigen. Wie es früher üblich war, musste ich quer über den Friedhof. Dabei schaute ich mir die Grabmäler näher an. Langsam buchstabierte ich die Namen. Sie gaben ein wenig die Atmosphäre der oberbayrischen Landschaft wieder.

Über den Namen „Alfred Jodl" stolperte ich. Jodl, jodeln und Jodler gehören nach Bayern. „Alfred Jodl, geb. 1890, gest. 1946, Generaloberst." Alt war dieser Jodl nicht geworden. 56 Jahre, kein Alter um zu sterben. Generaloberst, solch eine Angabe hatte ich bisher auf keinem anderen Grabstein gelesen. Herr Generaloberst war gesund durch den Krieg gekommen, im ersten Friedensjahr jedoch packte ihn der Tod. Mir fiel ein, dass ein gewisser Alfred Jodl zum engsten Stab Adolf Hitlers gehörte. Zu Hause wollte ich mich genauer informieren. Durch die Konfrontation mit einem Grabmal geriet ich in die Geschichte des Zweiten Weltkrieges und des Holocausts. Sie versteckte sich auf einem winzigen Inselfriedhof im Chiemgau.

Einige Wochen später wusste ich Bescheid. Jodl, ein hochbegabter Offizier, hatte unter Hitler schnell Karriere gemacht, weil er die Judendeportationen fraglos akzeptierte. Das Nürnberger Kriegsgericht sprach ihn schuldig und verurteilte ihn zum Tod. Am 16. Oktober 1946 wurde Alfred Jodl hingerichtet. Man verbrannte seine Leiche und verstreute ihre Asche in der Isar. Seine zweite Ehefrau kämpfte lange um eine Rehabilitierung ihres Mannes. Ohne neues Urteil einigte man sich schließlich, so dass der Witwe die Generaloberstpension gezahlt wurde. Sie dankte es ihrem Mann, indem sie ihm ein Grab ohne seine Urne errichten ließ. Das Grab ist leer, und dennoch ist es keine Auferstehungsgeschichte.

In der badischen Kleinstadt Meßkirch verwies ein schlichter Grabstein auf einen Mann, der hier geboren worden war und seine Kindheit und Jugend verbracht hatte: Martin Heidegger, geb. 1889 und gest. 1976. Als Student hatte ich wenig von Heidegger verstanden. Aber um seine Bedeutung in der modernen Philosophie wusste ich immerhin. Selbst in der Theologie wurde er oft zitiert. Der Autor des Buches „Sein und Zeit" hatte sich längst vom Sein verabschiedet, und seine Zeit war abgelaufen. Dafür war der Grabstein der beste Beweis. Jetzt stand ich davor. Das Grab unterschied sich in keiner Weise von den anderen Gräbern. Kleinbürgerliche Pflänzchen wuchsen auf geschuffeltem Boden. Kein herausragendes Monument für den Denker zierte das Grab. Es reichte ein viereckiger Stein, nicht glatt poliert, sondern naturbelassen wie gerade im Steinbruch abgebaut. Die zwei einfachen Inschriften in normalen Druckbuchstaben wiesen auf Martin und Elfriede Heidegger hin. Der Professorentitel und die vielen Ehrendoktoren überging der Stein elegant. Allein der Name wirkte und beeindruckte. Hinter ihm stand die untergegangene Welt der Metaphysik genauso wie des Nationalsozialismus, dem der Philosoph manchmal zu nahe gekommen war.

Thomas Bernhard war ein Schriftsteller, der mich süchtig gemacht hatte. An Lesesucht erkrankt, habe ich jedes seiner Bücher gekauft. Der Stil war es, die Worte waren es, die Sätze waren es, sie wirkten wie eine Droge und fesselten den Süchtigen. Zwei Möglichkeiten hatte man damals: entweder niemals anfangen, ihn zu lesen, oder anzufangen und nie mehr aufzuhören. Um Herr über meine Sucht zu werden, wollte ich an sein Grab. Die Endgültigkeit, die solch ein Ort ausstrahlt, ist das beste Therapeutikum, um ein für alle Mal zu verstehen: Es gibt keinen Stoff mehr.

Vor Kurzem unterzog ich mich der Behandlung. Ich reiste nach Wien und suchte den Friedhof in Grinzing. Auf ihm hatten sich viele Prominente zur Ruhe betten lassen, obwohl ich nicht ahnte, weshalb sie gerade einen Dorffriedhof bevorzugten. Unruhig war Thomas Bernhard, bis er auf Grinzing ruhte. Einer seiner ersten Gedichtbände sprach von der Unruhe. „In hora mortis – in der Stunde des Todes", dichtete er. Unruhig war ich, um sein Grab zu finden. Nirgendwo fand ich einen Hinweis, so dass ich auf dem Friedhof umherirrte. Gräbersuche macht keinen Spaß. Von Fotos, die ich einmal in einem Bildband gesehen hatte, wusste ich, dass sein Grab mit einem schmiedeeisernen Kreuz verziert war und in Block 21 lag. Ich suchte zunächst schmiedeeiserne Kreuze. Alle, die ich fand, gehörten Wienern, aber nicht Thomas Bernhard. Der Autor entzog sich, wie er sich im Leben entzogen hatte. Er war verschwunden, wie er manchmal in seinen Texten verschwunden war. Der Himmel wurde dunkel und schwer. Von Ferne zog ein Gewitter auf. Vielleicht war es einfacher, Block 21 zu finden. Wie Lagerinsassen sind die Toten in Blöcke zusammengefasst. Block 21, tatsächlich gab es ihn, und er war gar nicht so weit entfernt. Ich ging los, die unheilschwangeren Wolken jetzt vor mir. In einer Reihe sah ich ein schmiedeeisernes Kreuz, das ich sofort ansteuerte. Es war das gesuchte Kreuz, doch wo war der Name, den ich mehr als das Kreuz gesucht hatte? An der Stelle des Namensschildes hing ein verschlossenes Kästchen. Ein Schlüsselkasten? Enthielt er den Schlüssel, der das Grab aufschließt? Würde sich der Schriftsteller nach dem Aufschließen wieder an den Schreibtisch setzen? Behutsam näherte ich mich dem geheimnisvollen Schließfach. Es war zu öffnen. Ich schob ein Hebelchen nach oben, die Klappen sprangen auf. Damit gaben sie eine Kupfertafel frei, auf der drei Namen zu lesen waren: Franz Stavianicek, Hedwig Stavianicek, Thomas Bernhard. Kein Datum, kein Geburtsort, kein Sterbeort, kein Beruf, kein Titel – nichts. Und trotzdem entschlüsselte das Kästchen das Geheimnis. Hedwig Stavianicek war die Witwe von Franz und der Lebensmensch von Thomas. So hatte er die Frau, die viel älter war als er, immer bezeichnet. Anders als seine Mutter schenkte ihm Hedwig das Leben, das gegen den Tod schrieb. Lebensmenschen sind ein Geschenk Gottes, gleichgültig, ob der Autor glaubt oder nicht. Auf jeden Fall wollte er über den Tod hinaus mit ihr zusammenbleiben, damit er in der Erde ihr Leben mitbekomme. Schenker und Beschenkte gehören zusammen, ohne die Verbindung an die große Glocke zu hängen. Thomas Bernhard, der Suchtverführer, und Hedwig Stavianicek, sein Lebensmensch, ruhen zusammen um des Lebens willen. Übrigens hat es kein einziges Mal geblitzt oder gedonnert. Als ich den Grinzinger Friedhof verließ, hatte sich der Himmel aufgeklärt.

Der Grabstein genügt, um Schrecken und Hoffnungen abzurufen. Er verrät die Lebensgeschichte eines Menschen, und unter ihm verschwindet keiner unbemerkt in die Erde. Jedem Menschen ist es zum letzten Mal erlaubt, sich öffentlich zu machen. Ohne Grabstele bleibt die gepflegte Rasenfläche geschichtslos, ansichtslos, hoffnungslos und antlitzlos. Meine Oma Anna habe ich als Allererste begraben. Manchmal stehe ich vor ihrem Grabstein: Anna Hanquet *16.6.1887 †30.7.1958. Dann raunt mir der Grabstein die Geschichte einer alten Frau zu, deren Enkel ich einmal war. Oma Anna hat ein Anrecht, dass ich ihre Geschichte bewahre. Das Kreuz auf ihrem Grabstein lässt mich an manches Kindergebet zurückdenken, das wir gemeinsam gesprochen haben. Und manchmal gelingt es mir, dort zu beten.

Um ihr eigenes Leben zu erinnern, hat sich die Dichterin Mascha Kaleko die Grabinschrift selbst formuliert: „Das letzte Wort behaltend, bis ans Ende, schrieb sie die Grabschrift selber. Das spricht Bände."

## Ostern

*Nach dem Sabbat kamen in der Morgendämmerung des ersten Tages der Woche Maria aus Magdala und die andere Maria, um nach dem Grab zu sehen. Plötzlich entstand ein gewaltiges Erdbeben; denn ein Engel des Herrn kam vom Himmel herab, trat an das Grab, wälzte den Stein weg und setzte sich darauf. Seine Gestalt leuchtete wie ein Blitz und sein Gewand war weiß wie Schnee. Die Wächter begannen vor Angst zu zittern und fielen wie tot zu Boden. Der Engel aber sagte zu den Frauen: Fürchtet euch nicht! Ich weiß, ihr sucht Jesus, den Gekreuzigten. Er ist nicht hier; denn er ist auferstanden, wie er gesagt hat. Kommt her und seht euch die Stelle an, wo er lag. Dann geht schnell zu seinen Jüngern und sagt ihnen: Er ist von den Toten auferstanden. Er geht euch voraus nach Galiläa, dort werdet ihr ihn sehen. Ich habe es euch gesagt. Sogleich verließen sie das Grab und eilten voll Furcht und großer Freude zu seinen Jüngern, um ihnen die Botschaft zu verkünden (Mt 28,1–8).*

Es ist ein altbekannter Spruch:

> Hier ruhen meine Gebeine,
> ich wünscht, es wären Deine!

Erich Kästner hat sich ihn für seinen Grabstein gewünscht. Mag sterben, wer will, Kästner selbst will es nicht, obwohl er es muss! Der Dichter will leben, immer leben, ohne Rücksicht darauf, dass der Mensch sterblich ist. Seine Grabinschrift klingt anders als die Kaltschnäuzigkeit vieler Zeitgenossen. Sie behaupten: Na ja, wenn's vorbei ist, ist es vorbei. Nach dem Tod gibt's sowieso nichts mehr. Ein Leben danach, ich glaube nicht dran. Auf keinen Fall an ihn denken, einfach drauflosleben! Oft halte ich diese Reden für gespielt. Ich vermute, hinter den Sprüchen verbirgt sich eine schreckliche Angst vor dem eigenen Sterben. Sie wird durch solch schnoddriges Reden verdrängt.

Ob Angst oder nicht, ich lasse mir meine Sehnsucht nach dem Leben nicht austreiben. Ich will leben, trotz aller Fragen, die das Leben stellt, trotz der ungewissen Zukunft, die das Sterben provoziert. Obwohl ich nicht weiß, was auf mich zukommt, bleibe ich dabei: Ich will leben, ja, wenn es geht, ewig leben. Mein Leben war bisher schön. Und die unschönen Seiten lassen mich noch mehr ein ewiges Leben herbeisehnen.

Aus diesem Grund bietet mir die Osternacht an, meine Sehnsucht nach dem Leben zu hegen und zu pflegen. Der Ablauf der Feier stellt dar, dass Ostern stimmen könnte: das warme Licht der Kerzen, die die Nacht erleuchten; das frische Wasser, von dem die Mitfeiernden ein paar Tropfen abbekommen; die Geschichten von der Freiheit und der Auferstehung, die uns erzählt werden. Sie beweisen nichts. Aber sie lassen viel zum Schwingen bringen, wovon ich träume und wovon sogar Erich Kästner träumt. Deshalb wünscht er sich diese Grabinschrift.

Jesus hat das Grab leer zurückgelassen. Der Engel weckt die Frauen und uns auf: Sucht das Leben, sucht es weiter, stärkt in dieser Nacht eure Sehnsucht nach dem ewigen Leben! Vielleicht könnt ihr dann gelassener leben, vielleicht könnt ihr dann auch gelassener sterben. Mit Hoffnung stirbt es sich leichter. Die Gelassenheit belegen andere Grabinschriften aus dem vorigen Jahrhundert in Tirol. Wer so humorvoll an seinen Tod herangeht, der hat Hoffnung, meine ich.

Hier ruht der liebe Arzt, Herr Grimm,
und alle, die er heilte, neben ihm.

Christ, steh still und bet a bissl.
Hier liegt der Brauer Jakob Nissl.
Zu schwer fast muss er büßen hier
Er starb an selbstgebrautem Bier.

Der Weg in die Ewigkeit ist nicht weit.
Um 7 Uhr ging er fort,
um 10 Uhr war er dort.

Immerhin war es der Weg in die Ewigkeit. Wer leben will, möchte ihn auch gehen.

## 12. Urnengeschichten

Als frischgebackener Pfarrer erlebte ich meine ersten Urnengeschichten. An der neuen Stelle gab es einen pfarreigenen Friedhof, wo man aufgrund der Grundwassersituation und der tonhaltigen Erde durch Anordnung der Stadt dazu gezwungen war, Urnenbestattungen vorzunehmen.

Die Zimmer im Pfarrhaus waren frisch renoviert, so dass der Umzug frühmorgens beginnen konnte. Ich hatte die Einrichtung der neuen Wohnung vorher genau durchgeplant. Deshalb wies ich die Möbelpacker einfach an: dorthin, hierhin. Nach und nach füllte sich meine neue Wohnung mit Kartons und Möbeln.

Obwohl die Haustür weit offen stand, klingelte es mit einem Mal. Da ich so mit dem Auspacken beschäftigt war, überhörte ich die fremde Klingel. Es klingelte wieder. Ich reagierte nicht. Es klingelte ein drittes Mal. An der Haustür wartete der Paketbote mit einem Päckchen, so groß wie eine Kaffeekanne. Es lag leicht in der Hand. Auf jeden Fall schwitzte der Bote nicht so wie die Möbelpacker, deren Stöhnen ich hörte. Ihr Dienst wurde immer mühseliger und beladener.

„Ich habe beim Pfarrbüro geschellt. Dort öffnet keiner. Als ich hier die Tür offen sah, bin ich bei Ihnen vorbeigekommen. Können Sie das Päckchen annehmen? Sie haben doch mit der Pfarrei zu tun!"

„Und ob! Ich ziehe gerade ein. Da muss ich aufpassen, dass das Päckchen nicht verlorengeht und die Möbelpacker es gleich wieder mitnehmen", antwortete ich ein wenig gestresst.

„Ja, aufpassen sollten Sie", meinte der Mensch von der Post, „nach dem Absender ist es eine Urne."

„Urne?" Ich schaute ungläubig. „Seit wann wird die Asche von Verstorbenen mit der Post verschickt?", hakte ich nach.

„Ja, hier kommen die Urnen an, die nachher auf dem Friedhof beigesetzt werden. Fragen Sie doch einmal die Sekretärin."

Später erfuhr ich von den strengen Vorschriften der Stadt. Das Päckchen war für den Postboten nichts Außergewöhnliches. Er hatte Urnenerfahrung gesammelt, ich musste sie erst noch machen. Tatsächlich, auf dem Aufkleber stand es schwarz auf weiß und in dicken Buchstaben: Vorsicht, Urne! Bestattungshaus Friedvoller Engel, München.

„Bitte unterschreiben Sie!" Ich tat es sofort. Dann überreichte mir der Angestellte das leichte Paket und verabschiedete sich. Wahrscheinlich hätte ich lieber einen schweren Umzugskarton getragen. Vorwitzig riss ich das Packpapier auf. Die Schaumstoffkügelchen kullerten auf den Boden. Heraus kam ein grünlicher Behälter in bauchiger Form, der sich winterlich kühl anfühlte. So sah also eine Urne aus. Zum ersten Mal hielt ich den Tod in der Hand. Asche ist so leicht und trotzdem so schwer. Asche ist so kühl und trotzdem verbirgt sich dahinter ein heißes Leben. Ich stellte die Urne auf einen mit Büchern vollbepackten Karton. Im Laufe des Tages beachtete ich sie kaum, sie gehörte jetzt zu meinem Umzug wie die leeren Kisten. Morgen würde ich sie direkt ins Pfarrbüro bringen, wo tatsächlich noch drei weitere Urnen zwischen Aktenordnern aufgereiht waren.

Und wegen der nassen Friedhofserde habe ich an dieser Pfarrstelle weitere Urnengeschichten erlebt.

Seit dem Tod ihres Mannes kannte ich sie als eine Frau, die unzufrieden alterte. Sie zürnte ihrem Mann, weil er sie einsam zurückgelassen hatte. Jedes Mal, wenn ich sie besuchte, haderte sie mit ihrem Schicksal des Älterwerdens. Wie sie erzählte, hatte ihr Mann alles für sie getan. Auf diese Weise hatte sie das Gefühl bekommen, sie sei bis ans Lebensende versorgt. Erst als ihr Mann gestorben war – plötzlich und unerwartet, wie es in der Todesanzeige hieß –, begriff sie die Illusion ihres Lebens. Alles brach zusammen. Sie konnte nur noch reagieren, indem sie jammerte. Ihr Sohn hatte sich längst zurückgezogen, da er die ständige Klage seiner Mutter nicht mehr hören konnte. Ich verstand ihn, obwohl mir seine Mutter kaum etwas von ihm erzählte. Es war auch für mich schwer, eine halbe Stunde bei ihr auszuhalten. Jedes Gespräch drehte sich um die überraschende Flucht ihres Mannes, weniger um die Sorgen ihres Sohnes. Vielleicht hatte sich ihr Mann davongemacht, um ihrem Jammern zu entgehen. Die regelmäßige Krankenkommunion half ihr wenig. Sie lamentierte alle anderen Menschen weg.

Die Weihnachtskommunion stand an. Zu Beginn des Besuches teilte mir die Frau ungerührt mit, ihr Sohn habe gestern Nacht das Zeitliche gesegnet. Genauso sagte sie es. Ihre Augen verengten sich, die Miene bewegte sich nicht und ihre Stimme blieb ungebrochen. Von Bekannten hatte sie gehört, ihr Sohn habe vor ein paar Tagen einen Herzinfarkt erlitten. Unser Gespräch drehte sich um seine Beerdigung. Ohne über das gebrochene Herz des Sohnes zu sprechen, wollte sie Details klären. Dabei hatte sie klare Vorstellungen. Ihr Sohn sollte verbrannt und namenlos beerdigt werden. Anonym hatte sie sich in den Kopf gesetzt. Trotz aller Gegenrede konnte ich sie davon nicht abbringen, ihrem Sohn am Ende seines Lebens den Namen zu rauben, den sie ihm am Anfang geschenkt hatte. Hartherzig bestand sie darauf, ihn namentlich auszulöschen. Eben nichts, noch nicht einmal sein Name, sollte an sein Leben erinnern. Weg, ein für alle Mal weg, sie wiederholte es immer wieder, fast zwanghaft.

Wir machten es so, wie sie es gewünscht hatte. Auf einem städtischen Urnenfeld wurde schon seit Langem anonym beerdigt. Als unser kleiner Beerdigungszug dort angekommen war, sahen wir im Rasen ein Loch. Das Häuflein Erde, das der Totengräber ausgehoben hatte, lag daneben. Die Trauergesellschaft, in die sich die Mutter eingereiht hatte, stand am Rand des Rasens und beobachtete mich. Ich betete für den Verstorbenen, ich segnete seine Urne und ich verwies auf unseren Abschied. Die Mutter verzog keine Miene, selbst dann nicht, als ein Totengräber die Urne in der Erde verschwinden ließ. Staub zu Staub, Asche zu Asche, Erde zu Erde. Der Wunsch der unzufriedenen Witwe hatte sich erfüllt. Ihr Sohn hatte sich buchstäblich aus dem Staub, besser in den Staub gemacht. Ob ihre Augen feucht wurden, als er verschwand, habe ich nicht beobachtet. Nachdem der Totengräber die Erde aufgefüllt und den Rasen wieder verschlossen hatte, fehlte mir bereits die Orientierung. Ich hätte die Urne nicht mehr gefunden. Nicht viel länger brauchte ich, um seinen Namen zu vergessen. Warum sollte ich ihn behalten, wenn er in der Anonymität verschwand. Beim nächsten Besuch schwieg die alte Dame. Sie sprach sofort von einem anderen Thema, die Beerdigung erwähnte sie mit keinem Wort.

Nach einem halben Jahr traf ich sie verändert an. Ohne mir Zeit zu lassen, begann sie sofort zu reden. Dieses Mal jammerte sie über das Verschwinden ihres Sohnes. Es nutzte nichts, sie auf ihren damaligen Wunsch hinzuweisen. Entweder hatte sie ihn verdrängt oder in einen Vorwurf umgemünzt. Ihr war aufgegangen, dass ihr Sohn ein für alle Mal weg war. Sie warf ihm vor, noch nicht einmal seine Asche bei ihr zurückgelassen zu haben. Mit voller Wut schrie sie ihn mit seinem Namen an. Die Namenlosigkeit hatte sie aufgehoben. Aber es half ihr nichts: Seine Asche hatte sich unter dem grünen Rasen versteckt, und selbst seine Mutter konnte ihr Versteck niemals finden. Als ich wieder vorbeikam, weinte sie. Ich sah zum ersten Mal ihre Tränen.

„Wo ist mein Sohn?", heulte sie. „Wo haben Sie ihn hingelegt?" Es klang biblisch. Dabei war es ihr Wunsch gewesen, ihren eigenen Sohn möglichst verschwinden zu lassen. Selbst sein Name sollte ausgerottet werden. Jetzt wollte sie alles auf den Kopf stellen. Dieses Mal ließ ich sie allein.

Der nächste Besuch überraschte mich. Aufgeräumt öffnete sie die Tür. Die Freude stand ihr ins Gesicht geschrieben. „Ich habe beim Friedhofsamt angerufen. Ich wollte es wissen. Ein sehr freundlicher Beamter hat mir geholfen. Er versprach mir, nach der Urne zu suchen."

Hoffentlich stimmte es. Ihr Redeschwall war nicht zu bremsen. „Und dann wird die Urne ausgegraben und an anderer Stelle begraben. Dort, wo sie ein Namensschild bekommen kann. Er ist doch mein Sohn mit meinem Namen. Und ich will ihn besuchen können."

Nein, sie klagte nicht. Sie wirkte zufrieden. Wie es ausgegangen ist, ist mir unbekannt.

## Du heißt David

*Der Philister kam immer näher an David heran; sein Schildträger schritt vor ihm her. Voll Verachtung blickte der Philister David an, als er ihn sah; denn David war noch sehr jung, er war blond und von schöner Gestalt. Der Philister sagte zu David: Bin ich denn ein Hund, dass du mit einem Stock zu mir kommst? Und er verfluchte David bei seinen Göttern. Er rief David zu: Komm nur her zu mir, ich werde dein Fleisch den Vögeln des Himmels und den wilden Tieren zum Fraß geben. David antwortete dem Philister: Du kommst zu mir mit Schwert, Speer und Sichelschwert, ich aber komme zu dir im Namen des Herrn der Heere, den du verhöhnt hast. ... Alle, die hier versammelt sind, sollen erkennen, dass der Herr nicht durch Schwert und Speer Rettung verschafft; denn es ist ein Krieg des Herrn, und er wird euch in unsere Gewalt geben. Als der Philister weiter vorrückte und immer näher an David herankam, lief auch David von der Schlachtreihe aus schnell dem Philister entgegen. Er griff in seine Hirtentasche, nahm einen Stein heraus, schleuderte ihn ab und traf den Philister an der Stirn. Der Stein drang in die Stirn ein und der Philister fiel mit dem Gesicht zu Boden. So besiegte David den Philister mit einer Schleuder und einem Stein (1 Sam 17,41–45.47–50).*

David wurde schwer herzkrank geboren. Sein Herz schlug falsch, und deshalb stockte das Blut in seinem Körper. Seine Eltern ahnten damals, dass David in seinem Leben viel zu kämpfen haben würde. „Haben Sie ihm aus diesem Grund den Namen David gegeben? David, der kleine schwache Mensch, der den Riesen Goliath besiegt?" „Nein, David ist ein wunderschöner Name." Ich habe mir den Namen David übersetzt und gemerkt, wie schön er ist. Übersetzt heißt er: der Vielgeliebte. Ja, David ist viel geliebt worden. Die Liebe war wichtig für den kleinen David, der um sein Leben kämpfte.

Wie viele Operationen hat er durchgemacht! Erlitten und gesiegt! Zum Blutaustausch musste er regelmäßig in die Klinik. Nicht lange, aber ein Krankenhaus ist kein Zuhause, wie er meinte. Oft stand der Todesgoliath vor seiner Türe, ohne dass David ihn hereinließ. Trotz allem hat er sein Leben genossen. Die Ferien mit der Mutter zeigten ihm die Welt, in der er so gerne gesund gelebt hätte. Er schwärmte von Frankreich, von Paris und vom Elsass. Die französische Küche beurteilte er fachmännisch. Selbst Rom hat der herzkranke David genossen. Auch die täglichen Zigaretten gönnte er sich, obwohl er genau wusste, dass er sie nicht rauchen durfte. Doch er zündete sie bewusst an, damit der Todesgoliath sich an der Glut verbrenne. Beim Billard zeigte er seinen Ehrgeiz. Es war der einzige Sport, der ihm körperlich möglich war. Er betrieb ihn konsequent, nicht nur als gelegentliches Hobby. Als Mitglied eines Billardvereins trug er Verantwortung, weil er mitmischen wollte. Aber das Wichtigste für ihn war, dass aus seinen Spielgegnern Freunde wurden.

David hat bei uns im Pfarrbüro gearbeitet. Selbstverständlich hat er dort seine Pflichten erfüllt, soweit es die Krankheit zu ließ. Sobald ich morgens das Büro betrat, fragte er eifrig: „Was kann ich für Sie tun?" Manches musste er wirklich liegen lassen. Die Luft reichte nicht. Aber wenn er ausfiel, wurden er und seine Arbeit sofort vermisst. Gern redeten die Kollegen mit ihm, gern redete er mit den Kollegen. Das entlastete ihn von dem Druck, ständig an den Tod erinnert zu werden. Manchmal fragte er: „Wie ist das mit dem Sterben?" Ich hatte keine Antwort auf seine Frage. Dann bohrte er nach. Meine Antworten befriedigten ihn nicht. Ich versuchte, neu anzusetzen, obwohl es misslang. „Der Tod interessiert mich nicht", sagte David, „doch das Sterben, das Sterben, davor habe ich Angst." Er hat nach der Antwort gefahndet.

Nachdem David lange gekämpft und sich erfolgreich gewehrt hatte, musste er antworten. Er weiß jetzt, wie Sterben geht. Den schwachen und doch so starken David, den Vielgeliebten, kennengelernt zu haben, dafür bin ich dankbar. Ich vertraue, dass Gott mit ihm, der im Leben so wenig Luft bekam, Mauern überspringen wird.

# 13. Ein Urnenfriedhof

Die Urnengeschichten, die ich an meiner ersten Pfarrstelle erlebte, wirbelten alle meine Vorstellungen von Beerdigungen durcheinander. Vor meinem Studium wusste ich, dass die katholische Kirche die Verbrennung der Verstorbenen verbietet. Leichname durften auf keinen Fall ins Feuer. Die Märtyrer aus Lyon z. B. wurden von „Frevlern völlig verbrannt und ihre Asche in die nahe Rhône geworfen, damit auch kein Restchen mehr auf der Erde davon übrig bliebe. Ihr Handeln entsprang dem Wahne, Herr über Gott zu werden und die Auferstehung der Märtyrer zu verhindern." Das Verbrennen der Leichname sollte Ostern unmöglich machen, meinte Kirchenvater Polykarp.

Inzwischen belehren mich örtliche Gegebenheiten und das Zweite Vatikanische Konzil eines Besseren. Kein Katholik denkt mehr an das Verbrennungsverbot. Solange der katholische Auferstehungsglaube gewahrt bleibt, erklärt die Dogmatik, spricht nichts gegen eine Verbrennung des Leichnams. Im Gegenteil, die Kirche selbst verkauft jetzt Urnengräber, nicht nur auf ihren Friedhöfen, sondern auch in ihren Kirchen. Es entstanden die Grabeskirchen, in denen die Urnenplätze ein regelrechter Verkaufshit sind. Wenn schon nach dem Konzil der Ofen angeheizt werden durfte, dann musste es doch möglich sein, die Asche in einer Kirche zu bestatten. In dem Schluss liegt eine gewisse Logik. Da sich in jener Zeit der Tod der Kirchengebäude ankündigte, war es eine sinnvolle Verwendung leer stehender Kirchen, die sich sogar auf die Tradition berufen konnte. Im Mittelalter wurde immer in Kirchen beerdigt. Adelige, Vornehme und Reiche hatten schnell ihr Grab in der Nähe des Altars gefunden, was einen besonders schnellen Durchgang zum Himmel versprach, ohne im Leben besonders fromm gewesen zu sein. Für die Kirchenvorstände war es damals ein Himmel auf Erden, denn die Kunden bezahlten gut. Heute sind Urnenplätze in einer Grabeskirche erschwinglich: Demokratisierung der Grabstätten, Wohlstand für alle, auch nach dem Tod. Der Tod, mit Birett und Chormantel, schreitet jetzt vor einer Urne. Nur er selbst bleibt das unverbrannte Gerippe.

Bei meiner ersten Beerdigung in einer Grabeskirche war ich sehr nervös. Wie sollte ich den Erdritus umdeuten? Schließlich wird die Urne nicht mehr in die Erde eingegraben. Als ich in die Sakristei kam, war alles um den Altar aufgebaut. Die Urne der Verstorbenen stand auf ihrer Stele, das Vortragekreuz daneben, der Weihwasserkessel dahinter und vor allen Dingen hatte die Osterkerze ihren Platz gefunden. Ihr Lichtschein spiegelte sich in der Bronze des Urnendeckels. Vor der Stele lag ein Blumenkränzchen, das eigentlich um die Urne gehörte. Dort hätte es gepasst wie der Blütenkranz um das Haupt eines tanzenden Mädchens in einem Gemälde von Botticelli. In der Eucharistiefeier verabschiedeten wir uns von einer Greisin, die sich schon seit Jahren aus dem Leben verabschiedet hatte. Von ihrer Demenz hatte mir die Tochter erzählt, die unruhig in der ersten Bank hin und her rutschte. Schwiegersohn und Enkel waren lange nicht so nervös. Als der Gottesdienst beendet war, begann die Aussegnung der Asche. Gemessen, wie in einer Kirche üblich, schritt ich zur Urne. Es sollte keine Hektik aufkommen. Bewusst stellte ich mich neben die Osterkerze und betete die ersten Sätze für die Verstorbene.

Was bei jeder Beerdigung eines Sarges auf dem Friedhof beeindruckt, muss in einer Grabeskirche entfallen. Sobald der Sarg in die Erde gesenkt wird, schweigen selbst die hartnäckigsten Vielredner. Vor dem endgültigen Verschwinden eines Menschen verstummen sie. Viele Worte bei einer Beerdigung trägt der Wind fort, ohne dass ein Ohr sie vernommen hat. Aber dieses „Asche zu Asche, Staub zu Staub" findet sein Ziel, laut oder leise. Kein Ohr kann sich verschließen. Wenn dann noch die Schaufel Erde auf den Sarg poltert, ist ein Punkt erreicht, da nichts mehr verdrängt werden kann. Ein unheimliches Geräusch, es provoziert mehr als eine herkömmliche Todesanzeige. Weil in einer Grabeskirche die Urne nur abgestellt wird, verschwindet sie nicht auf so drastische Weise. Sie steht, gut aufbewahrt, wie in einer Vorratskammer. Einerseits enthält sie reine Asche, anderseits wirbelt sie keinen Staub auf. Der Steinfußboden einer Grabeskirche ist kein Mutterboden eines Friedhofs. Er sperrt sich gegen jede Aussaat. Trotzdem können aus der Urnenasche Rosen des Lebens erblühen, denn sie selbst wird zum Mutterboden.

Ich sprach die Verstorbene an.

„Margot, vor 90 Jahren bist du getauft worden. Daran erinnere ich dich und uns alle. Deine Asche will ich jetzt mit Taufwasser segnen."

Während ich den Segen ankündigte, suchte ich den Weihwasserkessel. Der Küster hatte mir doch gesagt, er stünde rechts hinter der Urne. Unauffällig schweiften meine Augen. Übersah ich das kleine Gefäß? Musste ich in die Sakristei, um mich zu vergewissern? Das wäre peinlich gewesen. Da entdeckte ich ihn. Vielmehr sah ich einen bunten Frühlingsstrauß, der in den Weihwasserkessel gestellt worden war. Unter der Hand war er zur Vase geworden, und aus Weihwasser wurde Blumenwasser. Deshalb hatte ich ihn übersehen. Damit hatte ich nicht gerechnet. Wie ich nach der Beerdigung erfuhr, hatte die Tochter zu Beginn des Gottesdienstes die Blumen in den Topf gestellt. Ausdrücklich dankte sie nachher dem Küster, weil er gerade für ihre Blumen eine Vase mit Wasser zur Verfügung gestellt habe. So aufmerksam ist die Kirche doch normalerweise nicht, Menschenfreundlichkeit ist ihr eher fremd, dachte die Tochter kritisch. Das Weihwasser war so ein guter Dünger zum Leben. Dagegen musste ich mich mit einem staubtrockenen Aspergill begnügen. Ich tat nur so, als ob ich mit viel Weihwasser segnete. Meine erste Beerdigung in der Grabeskirche wurde zur Trockenübung.

## Hans auf dem Weg zur Heimat

*Marta sagte zu Jesus: Herr, wärst du hier gewesen, dann wäre mein Bruder nicht gestorben. Aber auch jetzt weiß ich: Alles, worum du Gott bittest, wird Gott dir geben. Jesus sagte zu ihr: Dein Bruder wird auferstehen. Marta sagte zu ihm: Ich weiß, dass er auferstehen wird bei der Auferstehung am Letzten Tag. Jesus erwiderte ihr: Ich bin die Auferstehung und das Leben. Wer an mich glaubt, wird leben, auch wenn er stirbt, und jeder, der lebt und an mich glaubt, wird auf ewig nicht sterben. Glaubst du das? Marta antwortete ihm: Ja, Herr, ich glaube, dass du der Messias bist, der Sohn Gottes, der in die Welt kommen soll (Joh 11,21–27).*

Die Familie hatte sich gut auf diesen Tag vorbereitet. Sie wusste: Heute steht der endgültige Abschied von Hans bevor. Hans hatte sich schon lange damit auseinandergesetzt. Dabei kam ihm sein Glaube, den er in der Kindheit lieb gewonnen hatte, zu Hilfe. Es war der katholische Glaube seiner schlesischen Heimat. Dieser trug ihn bis zuletzt. Selbst die Tage im Hospiz waren von ihm geprägt.

Hans gebrauchte immer wieder einen Satz, der sein persönlicher Glaubenssatz war und der für die Familie zum Abschiedssatz geworden ist. Wahrscheinlich wird er ihn nur leise geflüstert haben: „Dann gehe ich jetzt in die Ewigkeit." Wie viele Wege ist Hans in seinem Leben gegangen! Weite Wege legte er zurück, um aus seiner schlesischen Heimat wegzukommen. Die damalige polnische Regierung machte es den ausreisewilligen Deutschen nicht einfach. Nur mit Tricks und Beziehungen öffneten sich für Hans die Tore in die Bundesrepublik. Es war für ihn eine abenteuerliche Geschichte, bis er endlich 1958 in der Lagerkapelle Friedland seine Frau heiraten konnte. Dabei hatten die beiden schon eine standesamtliche Ferntrauung hinter sich: sie in Friedland und er in Polen. Als sich ihr Traum erfüllt hatte, schafften sie es von Friedland weg. Der Weg führte bis hierher, in diese Straße, in den Schatten der Grabeskirche, die damals noch Pfarrkirche war. Hier sollten er und seine Familie eine neue Heimat finden, auch eine neue Heimat für seinen Glauben. Hier baute sich die Familie ihr Leben auf. Weil er sein erlerntes Schneiderhandwerk in unserer Stadt nicht ausüben konnte, bot er seine Arbeitskraft den Kabelwerken an. Er musste hart arbeiten, aber trotzdem blieb er ein Leben lang ordentlich und sorgfältig wie ein Schneider. Nur noch einmal hatte er einen kleinen Weg zurückzulegen, fort von dieser Straße nach draußen ins Grüne vor der Stadt. Die Familie hatte sich dort ein Haus gebaut. Seiner Pfarrkirche jedoch blieb er zeitlebens verbunden. Hier feierte er die Gottesdienste mit.

Jetzt tritt er den letzten Weg an. Es ist ein weiter Weg, obwohl seine Ruhestätte in der Grabeskirche ganz nah liegt. Sein Weg kennt kein Zurück mehr. Er ahnte, was ihm bevorstand, als er selbst erklärte: „Dann gehe ich jetzt in die Ewigkeit." So einen Satz kann nur der Mensch sprechen, der Jesus Christus kennengelernt hat. Marta hat im Evangelium diesen Satz gesagt. Nur wer spürt, dass Jesus Christus die Ewigkeit ist, bricht gelassen auf. Hans glaubte seit Kindertagen das, was Marta glaubte. Christus war für ihn die Auferstehung und das Leben. Nichts anderes hat ihm die schlesische Christenlehre beigebracht. Ich hoffe, Hans, du hast das Ziel deines Weges gefunden und du bist jetzt in der Ewigkeit.

## 14. Zettelwirtschaft

Als ich in meinem „Gotteslob" ein Lied suchte, fielen mir wieder die gesammelten Totenzettel auf. Sie sind für mich keine Museumsstücke, sie sind die Bilanz meines fast vierzigjährigen Dienstes auf dem Friedhof. Aufmerksam schaute ich sie mir an. Die Motive sind unterschiedlich. Von den betenden Händen bis zu einer leuchtenden Sonne findet sich alles, was annäherungsweise mit dem Sterben zu tun hat. Während für den verstorbenen Kunsthändler ein Ölbild aus dem 19. Jahrhundert ausgesucht worden ist, begnügt sich die Familie des Metzgers mit einer kahlen Trauerweide des Niederrheins. Oft ist es nur ein schmuckloses Kreuz. In den meisten Fällen haben die Bestatter bei der Motivsuche nachgeholfen. Aber was soll es! Wichtig ist, wie dieser Zettel, gleichgültig ob schlicht oder aufwändig, eine Spur legt. Sie führt zu einem Namen, zu Lebensdaten und zum Leben. Manchmal reicht das Foto eines Verstorbenen, um zu erinnern.

Neulich betete ich die Laudes, das Morgengebet der Kirche. Aus dem Brevier fiel ein Totenzettel heraus, der mich seit meiner Priesterweihe begleitet. Er fällt jedes Jahr heraus, wenn ein bestimmtes Gebet an der Reihe ist, und jedes Jahr muss ich mich bücken, um ihn aufzuheben. Aber jedes Jahr kommt mir ein junger Mann ins Gedächtnis und ins Gebet, und er führt mich zurück an den Anfang meines Dienstes.

Lang, lang ist es her. Zu jeder Priesterweihe veröffentlichte unsere Kirchenzeitung die Fotos und Namen der

Neugeweihten. So stand ich am 24. Februar 1973 mit meinen vier Kurskollegen auf Seite 5 der damaligen Ausgabe. Einige Tage nach dem Fest erhielt ich einen Brief von einem mir unbekannten Absender. In dem Umschlag lag ein vergilbter, alter Totenzettel mit tiefschwarzem Rand. Auf der Vorderseite das Bild einer Holzskulptur: Der Kreuz tragende Jesus umarmt seine gebeugte Mutter und darunter steht: „Schauet auf und sehet, ob ein Schmerz gleich sei meinem Schmerze!" Auf der Innenseite ein gelockter Jüngling in Soutane. Seine Arme über die Brust gekreuzt, lächelt er mich skeptisch an, von Schmerzen verrät sein Gesicht nichts. Darunter lese ich: „Zum christlichen Gedenken an den Priesteramtskandidaten Wilhelm, Gefreiter in einem Infanterie-Regiment". Dann folgt ein kurzer Lebenslauf des Klerikers, der sich im Priesterseminar auf die Weihe vorbereitet hatte. Von dort war er zum Heeresdienst einberufen worden. Ein paar Monate später verblutete er an der Ostfront. „Hier fiel er am Sonntag, dem 20. Juli 1941 einer russischen Granate zum Opfer." 25 Jahre ist er alt geworden, und sein Berufsziel hat er nicht erreicht. Jedes Jahr, wenn er aus meinem Stundenbuch herausfällt, blicke ich ihn an. Inzwischen ist er mir vertraut. Er erzählt mir von den Schützengräben, ohne sich bitter zu beschweren. Irgendwie solidarisiere ich mich mit ihm, dem Fremden. Er wollte damals das werden, was ich heute bin.

Nachdem seine Schwester unsere Fotos in der Kirchenzeitung entdeckt hatte, erinnerte sie sich an den Berufswunsch ihres Bruders. Sie suchte den Totenzettel und schickte ihn mir. Vielleicht erhoffte sie sich ein Gebet oder die hl. Messe eines Primizianten für ihren gefallenen Bruder. Wie gerne wäre er vor dem Altar niedergefallen, so wie es in der Weiheliturgie üblich ist. War Gott nicht mit ihm, obwohl „Gott mit uns" auf seinem Koppel stand? Der Divisionspfarrer wollte den Widerspruch auflösen. Er schrieb der Mutter: „Wilhelm sollte nach Gottes Willen hier auf Erden nicht zum Priester geweiht werden. Gott hat sein Leben, das er in bereiter, vorbildlicher Hingabe auf den Altar des Vaterlandes gelegt hat, angenommen und ihn damit zum Priester erwählt." Können Granaten Priester weihen? „Er ruhe in ewigem Frieden!" Dieses Opfer des Krieges möge den Frieden gefunden haben, den die Welt vor 70 Jahren nicht geboten hat. Der Friedenswunsch ist mein jährliches Gebet für Wilhelm.

Sein Totenbildchen ist wie ein Grabstein im Taschenformat. Es lehrt mich Weltgeschichte. Jahrzehnte nach dem Ende des Krieges habe ich Frauen beerdigt, die lange auf die Rückkehr ihrer Männer gehofft hatten. Sie kamen nicht. Mütter, Geliebte und Ehefrauen blieben zurück, allein, einsam und ohne Lebensperspektive. Kriegsopfer waren eben nicht nur die Männer, selbst wenn Divisionspfarrer nur deren Sterben erklärten. Bis heute verstehe ich nicht, weshalb ein solches Dokument als „Zettel" abqualifiziert wird. Mit diesem Wort verbinde ich zunächst den Schmierzettel, den Zettelkram und die Zettelwirtschaft. Wie schnell verzettele ich mich! Dabei ist das Stückchen Papier eine Hilfe zu bewahren. Notizzettel sind Freunde des vergesslichen Menschen. Es macht Sinn, dass der Toten-Zettel Lebens-Notizen festhält. Er notiert, was das Leben eines Menschen wert ist. Dazu bedarf es keines ausführlichen Lebenslaufes. Es reicht, wenn der Zettel da ist und mich erinnert. Namen und Daten verhelfen mir zu dieser Erinnerung. Schade. Der Brauch verschwindet mehr und mehr. Aber uns fehlen auch die Gebetbücher, in die wir die Totenzettel hineinlegen. Erst recht fehlen uns die Gebete für diejenigen, die darauf notiert sind.

## Der kleine Hirte Johannes

*Jesus sagte: Meine Schafe hören auf meine Stimme; ich kenne sie und sie folgen mir. Ich gebe ihnen ewiges Leben. Sie werden niemals zugrunde gehen, und niemand kann sie meiner Hand entreißen. Mein Vater, der sie mir gab, ist größer als alle, und niemand kann sie der Hand meines Vaters entreißen. Ich und der Vater sind eins (Joh 10,27–30).*

Johannes wäre heute Abend in der Vorabendmesse hier vorne in der Bank gesessen, dort wo er jeden Samstagabend saß. Er fehlte nur, wenn er seine Familie besuchte oder Kirmes anstand. Deshalb habe ich das Evangelium verlesen, das an diesem Sonntag an der Reihe ist.

Ich habe es wohlüberlegt in seinen Beerdigungsgottesdienst hineingenommen, weil es ein treffendes Bild für und von Johannes abgibt. Die Geschichte vom guten Hirten, der seine Schafe kennt und die seine Stimme kennen, hat ihn wahrscheinlich ein Leben lang begleitet, ja er hat bewusst nach dem guten Hirten gefahndet. Immer wieder hat er sich mit der Bibel auseinandergesetzt. Als Lehrer musste er die Antwort für seine Schülerinnen und Schüler finden. Nach seiner Pensionierung löste er jedes Bibelrätsel in der Kirchenzeitung und hat sogar gewonnen. Der Höhepunkt seiner Suche nach dem guten Hirten war die Reise unserer Gemeinde nach Israel. Johannes durfte die Welt Jesu erleben. Er ist den Pfaden des guten Hirten nachgegangen und hat davon geschwärmt. Dort hörte er die Stimme Jesu, die zu seinem Leben gehörte und die es stimmig gemacht hat. Viele Gottesdienste haben wir zusammen gefeiert, um dem guten Hirten zu begegnen.

Das Evangelium hat ihn selbst zu einem kleinen guten Hirten gemacht. Es war seine Lebensberufung als Pädagoge, den Kindern in der Schule und den eigenen Kindern eine Stimme zu verleihen. Als Rektor war er ein kleiner guter Hirte für seine Kolleginnen und Kollegen im Lehrerzimmer. Aber sein Hirtenwirken ging weit darüber hinaus, im Martinskomitee, das jedes Jahr die Martinszüge vorbereitete, im Kirchenvorstand, erst recht in seiner geliebten Bruderschaft, besser Geschwisterschaft, versuchte er es zu leben. Als Präsident leitete er sie wie ein brüderlicher Hirte. Seine Stimme zählte in der Politik unserer Stadt und in unserer Pfarrgemeinde, der er leidenschaftlich gedient hat. In ihr verbreitete er eine wohlwollende, bejahende und positive Stimmung. Er hat sich auf vieles eingelassen: auf eine andere Kirche nach dem Zweiten Vatikanischen Konzil, auf ein für ihn ungewohntes Seelsorgeteam aus Frauen und Männern. Ich verdanke dem kleinen guten Hirten Johannes, dass ich nach dem Neuanfang in unserer Pfarrei Fuß gefasst habe. Selbstverständlich übertrug der kleine gute Hirt auch Jüngeren Verantwortung.

Auf seinem Totenzettel steht ein bekannter Spruch: „Das einzig Wichtige im Leben sind die Spuren von Liebe, die wir hinterlassen, wenn wir weggehen" (Albert Schweitzer). Johannes, du hast hier sehr viele Spuren hinterlassen. Deine Spuren sind der Versuch, auf deine Art und Weise die Stimme Jesu zu hören und den guten Hirten zu finden. Durch diese Stimme wurde dein Leben stimmig. Es gelang dir, fröhlich und freundlich zu sein, ausgelassen Kirmes zu feiern, aber auch bei fast jeder Beerdigung mitzugehen. Deshalb warst du für die Gemeinde ein kleiner Hirte, der auf die Stimme des großen guten Hirten hörte.

Meine Worte können nicht trösten, weil Johannes heute Abend im Gottesdienst fehlen wird. Auf eines baue ich: Keiner wird ihn aus der Hand Gottes reißen, kein Einziger!

Zusammen werden wir nachher das Lied singen, das wir gesungen haben, als wir zusammen in der Nacht vor den Toren Jerusalems standen:

„In deinen Toren werd ich stehen, du freie Stadt Jerusalem, in deinen Toren kann ich atmen, erwacht mein Lied."

Ich hoffe, du stehst dort, Johannes.

# Epilog

## Der Totentanz
*Johann Wolfgang Goethe*

Der Türmer, der schaut zur Mitten der Nacht
Hinab auf die Gräber in Lage;
Der Mond, der hat alles ins Helle gebracht;
Der Kirchhof, er liegt wie am Tage.
Da regt sich ein Grab und ein anderes dann:
Sie kommen hervor, ein Weib da, ein Mann,
In weißen und schleppenden Hemden.

Das reckt nun, er will sich ergetzen sogleich,
Die Knöchel zur Runde, zum Kranze,
So arm und so jung, und so alt und so reich;
Doch hindern die Schleppen am Tanze.
Und weil hier der Scham nun nicht weiter gebeut,
Sie schütteln sich alle, da liegen zerstreut
Die Hemdelein über den Hügeln.

Nun hebt sich der Schenkel, nun wackelt das Bein,
Gebärden da gibt es vertrackte;
Dann klippert's und klappert's mitunter hinein,
Als schlüg' man die Hölzlein zum Takte.
Das kommt nun dem Türmer so lächerlich vor;
Da raunt ihm der Schalk, der Versucher ins Ohr:
Geh! Hole dir einen der Laken.

Getan wie gedacht! Und er flüchtet sich schnell
Nun hinter geheiligte Türen.
Der Mond, und noch immer er scheinet so hell
Zum Tanz, den sie schauerlich führen.
Doch endlich verlieret sich dieser und der,
schleicht eins nach dem andern gekleidet einher,
Und, husch, ist es unter dem Rasen.

Nur einer, der trippelt und stolpert zuletzt
Und tappet und grapst an den Grüften;
Doch hat kein Geselle so schwer ihn verletzt,
Er wittert das Tuch in den Lüften.
Er rüttelt die Turmtür, sie schlägt ihn zurück,
Geziert und gesegnet, dem Türmer zum Glück,
Sie blinkt von metallenen Kreuzen.

Das Hemd muß er haben, da rastet er nicht,
Da gilt auch kein langes Besinnen,
Den gotischen Zierrat ergreift nun der Wicht
Und klettert von Zinne zu Zinnen.
Nun ist's um den armen, den Türmer getan!
Es ruckt sich von Schnörkel zu Schnörkel hinan,
Langbeinigen Spinnen vergleichbar.

Der Türmer erbleichet, der Türmer erbebt,
Gern gäb er ihn wieder, den Laken.
Da häkelt – jetzt hat er am längsten gelebt –
Den Zipfel ein eiserner Zacken.
Schon trübet der Mond sich verschwindenden Scheins,
Die Glocke, sie donnert ein mächtiges Eins,
Und unten zerschellt das Gerippe.

Manchmal sehe ich meinen Friedhof genau vor mir. Für meinen Friedhof ist es gleichgültig, ob der Mond scheint. Auf die Geisterstunde brauche ich nicht zu warten. Meine Toten geraten mir auch so in den Blick. Nach 39 Beerdigungsjahren ist es ein weites Feld, auf dem ich sie bestattet habe. Sie liegen in Lage nebeneinander. Meine Toten habe ich niemals gezählt. Schrecklich, sie wären zu einer Nummer geworden! Genau wie ich jetzt lebe, haben sie damals gelebt. In ihrem Leben haben sie gehofft und vertraut. Ich erinnere mich an viele ihrer Namen und ihrer Geschichten. Sie alle erzählen vom Leben, das das Sterben nicht wahrhaben will. Trotzdem gebe ich zu, dass ich einige vergessen habe. Es tut mir leid um sie und ihre Lebensgeschichten. Hoffentlich erinnern sich andere an sie. Dass Gott sich ihrer erinnern wird, darauf baue ich. Meinen Friedhof pflege ich wie kostbare Gedanken, die ich auf keinen Fall verlieren möchte.

Vielleicht ist es der letzte Protest meiner Toten, wenn sie anfangen zu tanzen. Wer tanzt, lebt. Einmal das Tanzbein schwingen und es gespenstisch klappern lassen. Selbst als Nichttänzer verstehe ich meine geschwisterlichen Gerippe. Nur der Tanz unterbricht ihre Friedhofsruhe. Kein Grabgenosse entzieht sich dem Wunsch. Mann und Frau, Arm und Reich, Jung und Alt, sie beginnen so wild zu tanzen, dass die letzten Hemden stören. Fort mit dem Plunder, damit sie sich drehen können. Scham bleibt vor den Friedhofsmauern, denn der Tanz meiner Toten ist kein Ballett mit zahlenden Zuschauern. Die Lebenden sind aus dem Reigen verbannt. Einzig ein Neugieriger wagt es, zuzuschauen und sogar noch seinen Spott mit den Schwestern und Brüdern zu treiben. Ohne zu wissen, dass er selbst schon sein Leichenhemd angezogen hat, versucht er sich eines zu ergaunern. Die Überheblichkeit lässt ihn gar nicht mehr nachdenken. Nichts ist zu spüren an Solidarität mit den Toten, nichts an einem Bewusstsein, der Nächste zu sein. In den letzten Jahren habe ich gelernt, mir diese Neugierde zu ersparen. Ich sehe mich, wie ich im Chormantel vor dem Sarg gehe. Ihn habe ich bereits als mein Leichenhemd angezogen, wenn ich einen Menschen beerdige. Im liturgischen Gewand könnte ich sogar mittanzen. Vielleicht würde mir nur das Birett vom Schädel fallen. Ob der Küster allerdings mittanzen würde, weiß ich nicht. Auf jeden Fall brauche ich mir in diesem Chormantel kein Leichenhemd auszuleihen.

Trotz allem bleibt die mitternächtliche Tanzdiele ein riesiger Friedhof, und das kurze nachgeholte Leben verschwindet wieder unter dem Rasen. Nur der Tod ist dort nachhaltig. Die Neugierde wird bestraft. Der allzu Neugierige bezahlt seinen Tribut, als die Tänzerinnen und Tänzer ermüdet und erschlafft das Weite suchen. Spinnengleich holt der Tod das Leben ein. Gleich schlägt dumpf die Totenglocke.

Um meiner Toten willen beschwöre ich zum letzten Mal die Bibel. Wie oft habe ich sie studiert, damit ich meine Toten verteidigen konnte! Wie oft habe ich mit der Bibel Plädoyers für das Leben gehalten! Immer waren es gute Argumente, die mir selbst auf die Beine halfen. Themen waren das Leben und die Aussicht auf das Leben. Meine Toten sollten nicht ohne ein zukunftsschwangeres Wort verschwinden. Die Bibel kennt eben Geschichten, Gebete und Gesänge, die guter Hoffnung sind. Es war meine Aufgabe als Chormantelträger, sie vor der offenen Grube zu zitieren. Ich habe es gerne getan, weil sie lebendig machen;

und keiner bringt mich davon ab. „Rede, rede, Menschensohn!"

*Der Herr versetzte mich mitten in die Ebene. Sie war voll von Gebeinen. Er führte mich ringsum an ihnen vorüber, und ich sah sehr viele über die Ebene verstreut liegen; sie waren ganz ausgetrocknet. Er fragte mich: Menschensohn, können diese Gebeine wieder lebendig werden? Ich antwortete: Herr und Gott, das weißt nur du. Da sagte er zu mir: Sprich als Prophet über diese Gebeine und sag zu ihnen: Ihr ausgetrockneten Gebeine, hört das Wort des Herrn! So spricht Gott, der Herr, zu diesen Gebeinen: Ich selbst bringe Geist in euch, dann werdet ihr lebendig. Ich spanne Sehnen über euch und umgebe euch mit Fleisch; ich überziehe euch mit Haut und bringe Geist in euch; dann werdet ihr lebendig. Dann werdet ihr erkennen, dass ich der Herr bin. Da sprach ich als Prophet, wie mir befohlen war; und noch während ich redete, hörte ich auf einmal ein Geräusch: Die Gebeine rückten zusammen, Bein an Bein. Und als ich hinsah, waren plötzlich Sehnen auf ihnen, und Fleisch umgab sie, und Haut überzog sie. Aber es war noch kein Geist in ihnen. Da sagte er zu mir: Rede als Prophet zum Geist, rede, Menschensohn, sag zum Geist: So spricht Gott, der Herr: Geist komm herbei von den vier Winden! Hauch diese Erschlagenen an, damit sie lebendig werden. Da sprach ich als Prophet, wie er mir befohlen hatte, und es kam Geist in sie. Sie wurden lebendig und standen auf – ein großes, gewaltiges Heer (Ez 37,1–10).*

# Den harten Boden aufbrechen

In zwölf Kapiteln hält Albert Damblon als Pfarrer ein dankbares und flammendes Plädoyer für die Liturgiekonstitution des Zweiten Vatikanum und damit für die nachkonziliare Messfeier – ein wichtiger Beitrag, um ein an vielen Stellen wahrnehmbares Zurück in der Kirche zu verhindern.

Albert Damblon
**Den harten Boden aufbrechen**
Die positive Kraft der nachkonziliaren Liturgie

96 Seiten · Broschur
ISBN 978-3-429-03272-2

Das Buch erhalten Sie in Ihrer Buchhandlung.

www.echter-verlag.de